피지컬 AI와 삶의 변화

AI문고

인공지능 시대입니다. 기계가 인간의 인지를 대신하고, 사물이 인간을 통하지 않고 다른 사물과 직접 커뮤니케이션합니다. 이에 따른 인간 삶과 문명 변화를 정확히 이해 · 예측 · 대응하는 것은 이 시대 우리 모두의 과제입니다. AI문고는 인공지능 기술과 환경의 여러 주제를 10가지 키워드로 정리합니다. 관련 개념과 이론, 학계와 산업계의 쟁점, 우리 일상의 변화를 다룹니다. 인간과 기술의 현재, 미래를 세심히 분석합니다.

일러두기

- 인명, 작품명, 저서명, 개념어 등은 한글과 함께 괄호 안에 해당 국가의 원어를 병기했습니다.
- 외래어 표기는 현행 어문규정의 외래어표기법을 따랐습니다.

처음이세요?

전문가세요?

피지컬 AI와 삶의 변화

유훈식

대한민국, 서울, 커뮤니케이션북스, 2025

피지컬 AI와 삶의 변화

지은이 유훈식
펴낸이 박영률

초판 1쇄 펴낸날 2025년 9월 18일

커뮤니케이션북스(주)
출판 등록 2007년 8월 17일 제313-2007-000166호
02880 서울시 성북구 성북로 5-11
전화(02) 7474 001, 팩스(02) 736 5047
commbooks@commbooks.com
www.commbooks.com

ISBN 979-11-430-0882-4 03500

책값은 뒤표지에 표시되어 있습니다.

차례

피지컬 AI와 인간의 새로운 경험들

인류 문명의 역사는 기술과 인간의 상호작용 방식이 진화해 온 역사라 해도 과언이 아니다. 도구의 발명부터 산업혁명, 디지털 혁명에 이르기까지, 새로운 기술은 당대 인간의 경험 세계를 근본적으로 재편해 왔다. 그리고 지금 우리는 또 한 번의 거대한 문명사적 전환점 앞에 서 있다. 바로 '피지컬 AI(Physical AI)'의 시대가 도래한 것이다.

그동안 인공지능(AI)은 주로 디지털 공간에 머물러 있었다. 챗봇은 화면 너머에서 텍스트로 소통했고, 추천 알고리즘은 보이지 않는 서버에서 데이터를 분석했으며, 생성형 AI는 가상의 캔버스에 이미지를 그려냈다. 이들은 강력했지만, 물리적 실체는 없었다. 그러나 이제 AI는 디지털의 경계를 넘어 현실 세계로 걸어 나오고 있다. 피지컬 AI는 단순한 알고리즘이 아니라 현실 공간에서 감각하고, 움직이며, 반응하고, 물리적인 변화를 일으키는 '체화된 지능(Embodied Intelligence)'이다.

이는 생각하는 소프트웨어와 움직이는 하드웨어의 혁

명적 결합이라 할 수 있다. 로봇 공학의 정교한 메커니즘, 사물을 인식하는 컴퓨터 비전, 환경을 3차원으로 파악하는 첨단 센서 기술, 인간의 언어를 이해하는 자연어 처리 능력이 융합되어, AI는 비로소 자율성과 물리적 실천력을 갖춘 존재로 거듭나고 있는 것이다. 이 결합은 단순히 기술적 진보를 넘어, 인류가 세상을 경험하고 노동하며 관계 맺는 방식 자체를 송두리째 바꾸는 거대한 파동을 일으키고 있다.

피지컬 AI 시대의 가장 두드러진 변화는 기술과 인간의 접점이 '화면(Screen)'에서 '현실 공간(Real Space)'으로 이동한다는 점이다. 우리는 더 이상 정보를 얻기 위해 스마트폰을 들여다보거나 컴퓨터 앞에 앉는 것에만 의존하지 않는다. 지능은 이미 우리 주변의 사물과 환경 속에 스며들어 있다. 로봇 청소기는 스스로 집안 구조를 학습해 최적의 경로로 청소하고, 자율주행차는 복잡한 도심을 누비며 우리를 목적지까지 데려다 준다. 스마트 홈 시스템은 거주자의 생활 패턴을 이해하고 환경을 조절하며, 물류 창고의 로봇들은 밤낮없이 상품을 분류하고 이송한다.

이러한 전환은 인간의 감각 및 인지 방식에 근본적인 변화를 초래한다. 기술과의 상호작용은 더 이상 추상적이지 않고 즉각적이며 물리적이다. 우리는 AI와 대화하고, 만지고, 함께 움직인다. 이는 몰입감 있고 직관적인 경험을 제공하지만, 동시에 우리가 공간을 인식하고 활용하는 방식마저 재편한다. AI가 탑재된 기기들이 공간의 새로운 주체가 되면서 도시 설계, 건축 양식, 심지어 가정 내 동선까지도 이 새로운 지능형 에이전트와의 공존을 고려하여 변화하게 될 것이다. 물리적 공간 자체가 하나의 플랫폼이 되는 것이다.

피지컬 AI 기술의 최전선에는 단연 인간을 닮은 기계, 휴머노이드 로봇이 있다. 인간처럼 두 발로 걷고, 섬세한 손가락으로 도구를 다루는 이 로봇들은 놀라운 속도로 진화하며 인간의 고유 영역이라 여겨졌던 복잡한 물리적 작업을 수행해 내고 있다. 이들이 인간의 형태를 지향하는 이유는 명확하다. 우리가 살아가는 세상은 인간의 신체 구조에 최적화되어 설계되었기 때문이다. 인간의 환경에서 범용적으로 활동하기 위해서는 인간의 형태가 가장 효율적이다.

휴머노이드는 단순 반복 노동을 넘어, 점차 감정 교류와 사회적 상호작용의 영역으로까지 확장되고 있다. 사람처럼 말하고 표정을 지으며 반응하는 이 로봇들은 우리에게 이중적인 의미로 다가온다. 한편으로는 생산성을 극대화할 새로운 산업 플랫폼이자 노동력의 원천이지만, 다른 한편으로는 정서적 유대를 형성할 수 있는 감정적 대상이 되기도 한다. 이동성, 지능의 한계와 같은 기술적 과제와 더불어, 이들의 등장은 법적·윤리적 책임 소재에 대한 새로운 질문을 던진다.

특히 감정 인식 및 소통 기술이 발전하면서, AI는 인간의 감정에 반응하고 공감하는 존재로 자리 잡기 시작했다. 교육 현장에서 아이들의 학습을 돕고 정서 발달을 지원하는 AI 튜터, 고령화 사회에서 노인들의 말벗이 되고 안전을 돌보는 감성형 돌봄 로봇은 이미 현실이 되고 있다. 이들은 인간과의 '감정적 관계' 형성을 시도하며, 기술이 인간의 외로움과 돌봄의 공백을 메울 수 있다는 가능성을 보여준다. 그러나 이는 동시에 과도한 의인화나 기계에 대한 의존 가능성, 인간 고유 관계의 약화 등 새로운 윤리적 논의를 촉발하고 있다. 우리는 기계와의 관계를 어떻게 설정해야 할 것인가라는 근본적인 질문 앞에 놓이게 되었다.

피지컬 AI의 영향력은 특정 분야에 국한되지 않고 산업 전반과 우리 삶의 모든 영역에 걸쳐 나타나고 있다. 제조업 현장은 스마트 팩토리의 중심 기술인 피지컬 AI를 통해 가장 역동적인 변화를 겪고 있다. 인간 작업자와 안전하게 협력하는 협동 로봇(Cobot)은 생산 라인의 유연성을 높이고, AI 기반의 예지 정비 시스템은 설비 고장을 사전에 예측하여 가동 중단을 최소화한다. 실시간 데이터 분석을 통한 생산 최적화는 효율성과 안전성을 극적으로 향상시킨다. 이 과정에서 작업자의 역할은 단순 기계 조작자에서 데이터를 기반으로 의사 결정을 내리고 시스템을 관리하는 전문가로 전환되고 있다. 인간과 로봇의 협업은 생산성을 넘어 노동 환경의 질 자체를 바꾸고 있다.

의료 및 헬스케어 분야에서 피지컬 AI는 인간의 물리적 한계를 보완하며 생명 연장의 꿈을 실현하고 있다. 의사의 손떨림을 보정하며 미세한 수술을 가능하게 하는 수술 로봇, 환자의 보행을 돕고 재활 과정을 데이터화하는 웨어러블 로봇, 병원 내 물류와 방역을 담당하는 운영 로봇 등은 진단, 치료, 돌봄의 질을 획기적으로 높이고 있다. 특히 고령화, 만성 질환 증가, 의료 인력 부족 등의 구조적 문제 해결에 핵심 솔루션으로 부상하며, AI 기반 의료 생태계로 진화하고 있다.

교육 현장 역시 새로운 학습 경험의 장으로 변모하고 있다. AI 로봇 튜터는 학생 개개인의 수준에 맞춘 맞춤형 학습을 제공하고, 물리 컴퓨팅 기반의 체험형 교구들은 추상적인 개념을 현실 세계와 연결하여 학생들의 몰입도와 창의력을 높인다. 이는 단순 지식 전달을 넘어, AI와 함께 사고하고 문제를 해결하는 능력을 기르는 미래 교육의 중요한 방향성을 제시한다.

예술과 창작의 영역에서도 피지컬 AI는 인간의 상상력을 현실로 구현하며 예술의 정의와 주체성에 근본적인 질문을 던진다. 로봇 화가 '아이다(Ai-Da)'는 스스로 학습한 데이터를 바탕으로 캔버스에 그림을 그리고, 연주 로봇 '시몬(Shimon)'은 인간 연주자와 즉흥 합주를 펼친다. 이들은 예술 창작의 물리적 수행자이자 새로운 표현 방식을 제시하며, '인간-AI 공동 창작'이라는 새로운 형태의 미학과 경험을 선사하고 있다.

국방 영역에서는 피지컬 AI가 전쟁의 패러다임 자체를 바꾸고 있다. 무인 드론 군집, 자율 전투기, 자동화 방어 시스템 등 AI 기반 무기 체계는 인간-기계 팀전과 전술 판단의 자동화를 촉진한다. 이는 군사력의 재편을 가져오지만, 동시에 전쟁의 윤리와 통제 권한에 대한 국제 사회의 심각한 고민을 불러일으키고 있다.

피지컬 AI가 열어갈 미래가 마냥 유토피아적인 것만은 아니다. 현실 세계에서 작동하는 AI의 안전성과 신뢰성 확보는 최우선 과제다. 예측 불가능한 변수들로 가득

한 현실에서 자율주행차나 산업 로봇의 오작동은 인간의 생명과 직결될 수 있기 때문이다.

또한, 피지컬 AI가 인간의 육체노동을 대체함에 따라 발생할 수 있는 일자리의 대전환과 사회적 불평등 심화에 대비해야 한다. 새로운 기술 환경에 맞는 직업 훈련 시스템을 구축하고, 노동의 가치를 재정의하며, 변화 과정에서 소외되는 이들을 위한 사회 안전망을 강화해야 한다. 윤리적 기준과 법적 책임 소재를 명확히 하고, 프라이버시 침해 문제 등에 대한 사회적 합의와 제도적 장치 마련도 시급하다.

궁극적으로 피지컬 AI 시대는 우리에게 '인간다움이란 무엇인가'라는 본질적인 질문을 던진다. 기계가 인간처럼 움직이고 생각하며 심지어 감정까지 표현하게 될 때, 인간 고유의 가치는 어디에서 찾을 수 있는가에 대해서 우리는 다시 한번 고민하게 된다.

우리는 기술 수용을 넘어 인간다움의 본질을 성찰하고, 인간 고유의 역량을 재발견해야 한다. AI가 아무리 발전해도 대체할 수 없는 인간의 창의성, 복잡한 맥락을 이해하는 공감 능력, 그리고 도덕적 판단 능력은 더욱 중요해질 것이다. AI와의 경쟁이 아니라, AI를 도구로 활용하여 인간의 능력을 증강하고, 더 나은 사회를 만들기 위한 협력적 관계를 모색해야 한다.

책의 구성

이 책은 피지컬 AI 시대 변화하는 인간의 경험을 10가지 아이템으로 소개한다. 1장 "피지컬 AI란 무엇인가"에서는 피지컬 AI 개념과 사례를 소개하고, 2장 "피지컬 AI의 선봉, 휴머노이드"에서는 피지컬 AI 기술을 대표하는 휴머노이드에 대해 자세히 알아본다. 3장 "인간과 소통하는 피지컬 AI"에서는 감성형 AI 로봇이 우리 삶에 어떻게 들어와 인간과 소통하고 있는지 살펴본다. 4장 "예술에 참여하는 피지컬 AI"에서는 인간과 AI의 공동 창작이라는 새로운 미학과 변화하는 관람 환경 등을 조망한다. 5장 "의료와 헬스케어를 위한 피지컬 AI"에서는 인간의 물리적 한계를 넘어선 피지컬 AI의 치료 기술에 대해 알아본다. 6장 "교육에 활용되는 피지컬 AI"에서는 지식 전달을 넘어 학습자의 몰입도와 주도성을 높이는 새로운 교육 패러다임으로서의 피지컬 AI를 살펴본다. 7장 "도로 위의 피지컬 AI"에서는 로보 택시, 자율 셔틀 등의 사례를 통해 변화하는 도시 인프라의 모습을 조망한다. 8장 "산업 현장 속 피지컬 AI"에서는 협동 로봇, 예지 정비 시스템, 실시간 데이터 분석 등 생산성이 향상되고 창의성이 발현되는 스마트 팩토리의 모습을 살펴본다. 9장 "국방과 전쟁을 위한 피지컬 AI"에서는 무인 항공기, 드론 군집, 자율 전투기, 무인 지상 차량, 자동 방어 시스템 등에 따른 새로운 지휘 구조와 전쟁 경험에 대해 알아본다. 10장 "피지컬 AI 시대를 준비하기"에서는 기술 수용을 넘어 인간다움의 본질을 성찰하고, 인간 고유의 가치를 재정립해야 하는 점을 살펴본다.

피지컬 AI 시대는 기술 혁신의 문제만이 아니라 인간의 정체성과 사회 구조, 윤리적 가치의 재정립이라는 본질적인 질문을 던지고 있다. 교육, 노동, 법, 윤리, 문화, 감정에 이르는 전방위적 변화 속에서 우리는 인간 고유의 창의성, 공감 능력, 도덕적 판단을 재고해야 하는 시기가 되었다. 피지컬 AI는 인간 경험의 확장자이자 도전자로서 등장하고 있으며, 그 변화의 물결 속에서 우리는 기술과 인간이 조화롭게 공존할 수 있는 미래를 어떻게 설계할지를 스스로 질문하고 답해야 한다.

01
피지컬 AI란 무엇인가

피지컬 AI는 인공지능이 디지털을 넘어 물리 세계와 직접 상호작용하는 기술로, 생각하는 소프트웨어와 움직이는 하드웨어의 결합을 의미한다. 센서, 액추에이터, AI 알고리즘이 통합되어 기계가 사람처럼 주변을 인식하고 반응하며, 현실 속에서 자율적으로 행동한다. 로봇공학, 컴퓨터 비전, 에지 컴퓨팅 등 다양한 기술이 융합된 이 시스템은 일상 속 경험을 몰입감 있게 변화시키며, 새로운 윤리적 · 사회적 과제도 함께 제기한다.

기후 위기와 인공지능?

피지컬 AI의 개념과 특징

피지컬 AI란 인공지능 기술이 현실의 물리적 세계와 직접 맞닿아 작동하는 새로운 패러다임을 말한다. 기존의 AI가 주로 소프트웨어 안에서 데이터 분석과 예측에 치중했다면, 피지컬 AI는 로봇이나 스마트 기기 같은 물리적 시스템에 AI를 통합해 주변 환경을 스스로 인식하고 행동하게 한다. 다시 말해, "생각하는 소프트웨어"와 "움직이는 하드웨어"를 결합한 개념이다. 이때 센서, 액추에이터(Actuator, 구동 장치), AI 알고리즘이 유기적으로 결합되어, 기계가 사람처럼 오감을 통해 정보를 받고 학습 · 추론해, 실제 물리 세계에 영향을 미치는 행동을 수행할 수 있다.

피지컬 AI의 중요한 특징은 지금까지의 AI와 달리 현실 환경과 실시간으로 상호작용한다는 점이다. 예컨대 금융 추천 시스템이나 챗봇은 화면 너머에서 인간과 데이터로 소통하지만, 피지컬 AI 시스템은 카메라, 라이다(LiDAR), 마이크 등의 센서로 물리 세계를 직접 보고 듣고 느끼며, 로봇 팔이나 바퀴 같은 구동 장치를 통해 물리적인 움직임을 만든다. 또한 시간의 흐름과 동적인 변수가 크게 중요하다. 과거의 AI 모델들은 정적인 데이터 세트로 훈련되고 작동했지만, 피지컬 AI는 실시간 인지와 판단, 즉각적인 반응을 요구한다. 상황 변화에 실시간 대응하며, 스스로 결정을 내리는 자율성도 높다. 이러한 점에서 피지컬 AI는 단순히 사람의 명령을 기다리기보다, 환경으로부터 입력을 받아 자체적으로 행동을 개시하고 학습해 나간다. 요컨대 피지컬 AI는 디지털 영역에 머물던 AI가 현실 세계로 확장되어 온 · 오프라인 경계를 허무는 진화 단계로 볼 수 있다. 엔비디아(NVIDIA)의 젠슨 황 최고경영자(CEO)는 AI 발전 단계가 인식 AI, 생성형 AI, 에이전틱(agentic) AI를 거쳐 최종적으로 물리 세계에서 행동하는 피지컬 AI 단계에 접어들었다고 언급하기도 했다.

피지컬 컴퓨팅과 AI의 융합

피지컬 AI의 등장은 다양한 기술의 융합에 기반한다. 이는 하드웨어와 소프트웨어의 밀착 결합으로, 센서 기술, 로봇공학, 컴퓨터 비전, 자연어 처리, 에지 컴퓨팅(Edge Computing), 심지어 나노 기술과 재료과학에 이르는 여러 분야의 발전이 모여 가능해졌다. 피지컬 AI 시스템에서는 센싱(Sensing), 프로세싱(Processing), 액추에이션(Actuation)의 세 단계가 하나의 루프를 이룬다. 먼저 다양한 센서들이 환경 정보를 감지하고, 그 데이터를 AI가 이해할 수 있는 형태로 변환한다. 다음으로 머신 러닝이나 딥 러닝 등의 지능형 소프트웨어가 데이터를 분석해 최적의 행동을 결정하며, 마지막으로 결정된 행동을 로봇 장치가 물리적으로 수행한다. 이때 결정과 동작은 한 번에 끝나는 것이 아니라, 행동 후 다시 환경을 센서로 모니터링해 피드백을 받고 학습에 반영함으로써 점차 성능을 향상한다. 이처럼 현실과 가상의 경계를 오가며 센서 데이터, 시뮬레이션, AI 알고리즘을 통합하는 것이 피지컬 AI의 작동 원리다.

특히 로봇공학(Robotics) 기술과 AI의 융합이 피지컬 AI의 핵심이라 할 수 있다. 로봇을 움직이는 모터, 관절, 센서, 배터리 등의 하드웨어와, 이를 제어하는 로봇 운영체제(ROS) 및 펌웨어가 기반을 이루고, 그 위에 컴퓨터 비전, 음성 인식, 자연어 이해, 경로 계획, 제어 알고리즘 같은 AI 소프트웨어가 탑재되어 전체 시스템이 동작한다. 예를 들어, 카메라와 라이다(LiDAR) 센서는 주변을 3차원으로 인식하도록 돕고, 실시간으로 들어오는 이 시각 정보는 딥 러닝 기반의 객체 인식 모델을 통해 사람, 사물, 장애물을 구분한다. 여기에는 클라우드 AI와 에지 AI가 모두 활용되는데, 방대한 데이터 학습은 클라우드에서 처리하고, 긴급한 판단과 제어는 지연을 줄이기 위해 현장에서 즉시 수행하는 식의 아키텍처가 일반적이다. 결국 피지컬 AI는 소프트웨어 기반 AI와 물리적 컴퓨팅의 만남으로 탄생했으며, 복잡한 기술 요소들이 한 시스템 안에 통합된 종합 기술이라 할 수 있다.

경험과 일상에 미치는 변화

피지컬 AI의 확산은 사용자 경험(UX, User Experience)에도 큰 변화를 가져온다. AI가 더 이상 화면 속에만 머물지 않고 현실 공간에서 물리적인 에이전트(Agent)로 활동하게 되면서, 사람들이 기술과 상호작용하는 방식이 근본적으로 달라지기 때문이다. 가장 큰 변화는 기술과 인간의 접점이 더욱 자연스럽고 몰입적인 형태로 바뀐다는 점이다. 이전에는 스마트폰이나 PC 화면을 통해서만 얻던 AI의 도움을 이제는 주변의 사물이나 환경 자체에서 직접 체감하게 된다. 예를 들어, 집 안에서는 로봇 청소기가 알아서 바닥을 깨끗이 하고, 스마트 스피커나 가정용 로봇 비서가 말 한마디에 음악을 틀고 날씨를 알려 준다. 길을 걸을 때는 스마트 안경의 AI가 필요한 정보를 눈앞에 표시해 주고, 운전 중에는 차량 AI 비서가 음성으로 길 안내와 차량 제어를 돕는다. 이처럼 AI가 우리의 생활 공간과 사물 속에 녹아들어 상시적으로 함께

하는 "동반자"처럼 느껴지게 된다. 기술에 다가가기 위해 사람들이 기기를 배우고 조작해야 했던 시대에서, 이제는 기기가 인간의 환경과 행동을 이해하고 맞춰 주는 시대로 전환되고 있는 것이다.

물리적 AI 기기들은 사용자에게 상황에 맞는 능동적인 피드백과 서비스를 제공하기 때문에 훨씬 몰입감 있는 경험을 선사한다. AI 비서가 화면 속 아이콘이 아니라 현실 공간에서 몸을 가지고 상호작용하게 되면, 이용자로서는 마치 사람과 대화하고 협력하는 것처럼 느끼며 기술을 받아들이게 된다. 이는 곧 사용자 경험의 혁신적인 향상으로 이어진다. 더 직관적이고, 덜 번거로우며, 개인에게 맞춤화된 서비스가 일상에서 실현되는 것이다. 한편 피지컬 AI가 일상화되면서 사회적 · 문화적 경험에도 변화가 나타난다. 과거에는 SF 영화에서나 보던 로봇과 동거하거나 자율주행차가 도로를 누비는 광경이 현실이 되면서, 사람들의 기술 수용성과 신뢰감에 대한 새로운 과제가 부상한다. 예를 들어 가정에서 로봇이 가사를 돌보고 노인을 간호해 주는 상황이 온다면, 로봇에 정서적으로 의존하거나 교감하려는 시도도 나타날 수 있다. 이는 기술이 인간의 정서적 영역과 관계 맺기 시작하는 새로운 경험으로서, 향후 윤리적 논의와 사회적 준비를 필요로 한다. 이처럼 피지컬 AI는 편리함과 함께 인간과 기계 관계에 대한 새로운 경험과 질문을 우리에게 가져다줄 것이다.

기술적·사회적 도전 과제 및 향후 발전 방향

피지컬 AI가 열어 줄 미래가 장밋빛 일색인 것만은 아니다. 물리 세계에서 AI를 구현하는 일은 많은 기술적 어려움과 사회적 과제를 동반한다. 먼저 기술적인 측면에서, 신뢰성과 안정성의 확보가 큰 도전이다. 현실 환경은 변화무쌍하고 예측 불가능한 변수가 많아서, AI 로봇이 훈련받은 범위를 벗어난 상황을 만나 오류를 일으킬 위험이 있다. 현재의 로봇들은 공장같이 정형화된 환경에서는 뛰어난 성능을 내지만, 복잡하고 유동적인 거리나 가정 환경에서는 여전히 실수나 오동작 가능성이 크다는 지적이 있다. 이는 곧 사용자 안전과 직결되는 문제다. 자율주행차 한 대의 오작동만으로도 대형 사고가 날 수 있고, 서비스 로봇의 인지 착오가 사람에게 물리적 피해를 줄 수 있다. 따라서 센서 오류나 인식 실수에 대비한 이중 안전장치, 위험 상황 시 즉각 시스템을 중지하는 안전 작동(fail-safe) 메커니즘, 물리적 AI의 결정 과정에 대한 설명 가능성 확보 등 기술적 신뢰성을 높이기 위한 다양한 노력이 필요하다. 연산 능력과 에너지 효율의 제약도 해결해야 한다. 현실 공간을 실시간 인지 · 처리하려면 막대한 양의 센서 데이터와 복잡한 AI 연산이 필요하다. 이를 위해 고성능 AI 칩이나 경량화된 에지 AI 알고리즘 개발이 필수적이며, 배터리 성능 향상과 전력 효율 최적화도 병행되어야 한다. 작은 모바일 로봇이나 드론, 웨어러블 기기는 전력 공급이 한정적이라 지속적인 동작 시간을 늘리는 것이 과제다.

사회적인 측면에서는 윤리와 제도의 숙제가 뒤따른다. 우선 일자리 변화에 대한 우려가 크다. 피지컬 AI 로봇이 인간 노동을 대체하면 일부 단순직이나 위험 직종에서는 일자리 감소가 불가피하다. 이는 실업 문제와 노동자 재훈련의 필요성으로 이어진다. 동시에 새로운 일자리와 산업이 창출되리라는 기대도 있는데, 로봇을 관리 · 유지 보수하거나 AI를 감독하는 등 인간과 기계 협업을 조율하는 직무가 늘어날 수 있다. 중요한 것은 인간 노동을 완전히 대체하기보다 증강하는 방향으로 기술을 활용하는 사회적인 합의다. 실제로 많은 전문가들은 로봇은 위험하고 반복적인 작업을 맡고, 인간은 창의적이고 판단이 필요한 작업에 집중하는 협업 모델이 이상적이라고 강조한다. 이러한 인간과 로봇 협업 체계를 구축하려면 기술 개발자뿐 아니라 경영진, 현장 노동자, 정책 입안자가 함께 노력해 업무 프로세스와 교육 체계, 법과 제도를 정비해야 할 것이다.

또 다른 과제는 프라이버시와 보안 문제다. 피지컬 AI 기기가 환경을 모니터링하고 데이터를 수집하기 때문에, 자칫하면 개인의 사생활 정보가 침해될 소지가 있다. 예컨대 가정용 로봇이나 스마트 홈 카메라가 캡처한 영상·음성 데이터가 유출되거나 악용되지 않도록 강력한 보안 대책과 데이터 익명화가 필요하다. 나아가 책임의 주체를 어떻게 규정할지도 사회적 논의가 필요한 부분이다. 자율주행차가 사고를 내면 제조사, 소프트웨어 개발사, 사용자인 차주 중 누가 책임을 질 것인지 명확한 기준이 있어야 한다. 피지컬 AI가 의료나 돌봄을 담당하다가 문제가 생겨도 마찬가지다. 따라서 정부와 업계가 머리를 맞대고 안전성, 신뢰성, 예측 가능성, 개인정보 보호, 윤리성 등에 관한 가이드라인과 법률 정비가 시급하다는 지적이 나온다. 실제로 미국 퍼듀대학교 등의 논의에서는 이러한 기준 수립과 인프라 측면의 지원이 피지컬 AI 시대에 필수적임을 강조하기도 했다.

경험의 변화를 이끌 미래 기술

피지컬 AI는 인공지능의 새로운 지평을 열며 우리의 경험 세계를 변화시킬 핵심 기술이다. 현실 공간에서 지능적으로 움직이고 반응하는 기계들의 등장은 기술과 인간의 관계를 재정의하고, 산업과 사회 전반에 혁신을 가져온다. 이 장에서 살펴본 바와 같이, 피지컬 AI는 AI 기술이 디지털을 넘어 물리적 현실로 확장되는 개념으로서, 센서와 로봇, 학습 알고리즘의 결합을 통해 자율적인 행동을 가능케 한다. 자율주행차, 로봇 비서, 스마트 공장, 웨어러블 기기 등 다양한 사례에서 이미 그 가능성이 나타나고 있으며, 이는 사용자들의 일상 경험을 더욱 편리하고 풍부하게 바꾸는 한편 새로운 가치와 질문을 제기하고 있다. 물론 안전성, 윤리, 제도 정비 등 해결해야 할 과제들도 존재하지만, 이러한 난관을 기술 혁신과 사회적 노력으로 극복해 간다면 피지컬 AI가 가진 잠재적 혜택은 그 이상으로 클 것이다. 산업적으로도 피지컬 AI는 거대한 시장 기회를 창출하고, 기업의 전략 방향을 바꾸어 놓고 있다. 앞으로 AI와 인간이 물리 세계에서 공존하며 협력하는 풍경은 더욱 흔해질 것이고, 이는 곧 우리의 삶의 방식과 경험 환경을 한층 발전시킬 것으로 기대된다. "피지컬 AI와 경험의 변화"라는 큰 흐름 속에서, 우리는 기술의 주체로서 이 변화를 이해하고 선도적으로 대응해 나가야 할 것이다. 이는 단순히 기계를 똑똑하게 만드는 일이 아니라, 인간의 삶 자체를 풍요롭게 재설계하는 여정이기 때문이다.

참고문헌

꿀팁전달자(2025.1.7). Physical AI(피지컬 AI) – 배경 원리 장점 단점 활용 전망, https://lifehackdeliver.tistory.com/entry/Physical-AI피지컬-AI-배경-원리-장점-단점-활용-전망

이지현(2025.4.28). [기획기사] 피지컬 AI, 인간과 협력하는 지능형 로봇의 시대. 공개소프트웨어(OSS), https://www.oss.kr/oss_guide/show/7d207907-f60b-492f-aed5-077385ec6b47

Impactive AI(2025.4.1). 피지컬 AI (Physical AI) 기술로 바꿀 제조업의 미래, https://www.impactive-ai.com/insight/physical-ai-will-transform-the-future-of-manufacturing

AI on Demand. A simple guide to physical AI, https://www.ai4europe.eu/research/simple-guide-physical-ai

GooApps(2024.12.24). Wearables and AI to improve patient health. https://gooapps.net/2024/12/24/wearables-and-ai-to-improve-patient-health

Kaur, Jagreet(2025.5.19). Physical AI explained: Everything you

need to know, *Xenonstack,*
https://www.xenonstack.com/blog/physical-ai

Litslink(2025.4.29). AI wearables in 2025: How smart devices are transforming healthcare,
https://litslink.com/blog/ai-wearables

NVIDIA. What is Physical AI?,
https://www.nvidia.com/en-us/glossary/generative-physical-ai

World Economic Forum(2025.4.21). Why spatial computing, wearables and robots are AI's next frontier,
https://www.weforum.org/stories/2025/04/spatial-computing-wearables-robots-ai-next-frontier

02
피지컬 AI의 선봉, 휴머노이드

인간을 닮은 로봇, 즉 휴머노이드는 오랜 상상에서 비롯된 기술로, AI와 로봇공학의 발전에 힘입어 현실 속으로 성큼 다가왔다. 인간 환경에 최적화된 범용성과 감정적 친밀감을 갖춘 이 로봇들은 산업과 일상 속 협업자로 주목받고 있다. 하지만 이동 · 조작의 어려움, 지능적 한계, 윤리 · 사회적 쟁점 등 여러 과제를 안고 있다. 그럼에도 전 세계는 이 기술을 차세대 핵심 산업으로 보고 있으며, 우리는 기술과 인간이 조화롭게 공존할 휴머노이드의 미래를 준비해야 한다.

노래하는 AI 보컬?

인간형 로봇의 꿈과 현실

사람과 닮은 기계가 인간의 일을 돕거나 대신하리라는 꿈은 오래전부터 이어져 왔다. 고대 그리스 신화에서 대장장이 신 헤파이스토스가 만든 황금 시녀들과 거인 탈로스, 고대 중국 철학서《열자》에 등장하는 인간형 자동인형 이야기 등에서 일찍이 휴머노이드의 개념을 찾아볼 수 있다. 그러나 현대적인 의미의 휴머노이드 로봇은 20세기에 들어서 전자공학과 컴퓨터 기술의 발달로 비로소 현실화되기 시작했다. 1920년 체코 작가 카렐 차페크(Karel Čapek)의 희곡《R.U.R. 로줌 유니버설 로봇》에서 로봇이라는 용어가 탄생하며 인간을 닮은 기계 노동자의 이미지를 대중에 각인시켰고, 20세기 중반부터 로봇공학이 발전하면서 다양한 자율 로봇들이 등장했다.

초기의 실제 로봇들은 주로 공장에서 활용된 산업용 로봇 팔 등으로 인간과 닮지 않은 형태가 대부분이었다. 그럼에도 연구자들은 걷거나 손을 사용하는 인간형 로봇을 꾸준히 연구해 왔다. 1970년대 일본 와세다 대학에서 세계 최초의 전신형 인간형 로봇 와봇(WABOT-1)을 개발했고, 이어 1980~1990년대에도 이족 보행과 손동작을 모방한 실험적 로봇들이 등장했다. 마침내 2000년

혼다에서는 획기적인 이족 보행 로봇 아시모(ASIMO)를 공개해 인간처럼 걷고 뛰는 정교한 동작을 시현하며 전 세계의 주목을 받았다. 한국에서도 2005년 카이스트(KAIST) 오준호 교수팀이 휴보(Hubo)를 개발해 휴머노이드 기술 대열에 합류했고, 이후 다양한 연구가 이어졌다. 이처럼 휴머노이드 로봇은 오랜 기간 실험실과 전시 무대에서 발전을 거듭해 왔지만, 주로 기술 시연이나 연구 목적에 머무르는 경우가 많았다. 본격적으로 실용화의 물꼬를 트기 시작한 것은 최근 들어 AI 기술의 급격한 발전과 함께한다. 2020년대 들어 딥 러닝 기반의 시각 인지, 강화 학습을 통한 동작 제어 등 로봇공학과 AI의 융합이 성과를 내면서 휴머노이드는 마침내 연구소 밖 현실 세계의 무대로 발을 내딛고 있다. 이를 뒷받침하듯 2025년 한국 정부는 산·학·연 50여 곳을 결집한 K-휴머노이드 연합을 출범시키며 2030년까지 인간형 로봇 최강국 도약을 목표로 적극 지원에 나섰다. 휴머노이드 로봇이 더 이상 SF의 아이콘이 아닌, 미래 산업과 사회를 이끌 전략 기술로 인식되기 시작한 것이다.

왜 휴머노이드인가?

기존에도 바퀴 달린 이동 로봇이나 공장용 로봇 팔 등 효율적인 자동화 기계가 많은데, 왜 하필 인간과 똑같이 생긴 휴머노이드에 주목하는가? 이에 대한 첫째 이유는 우리가 살아가는 대부분의 환경이 인간을 위해 설계된 세계라는 점이다. 사람과 비슷한 크기와 형태를 가진 로봇이라야 문을 열고 계단을 오르며, 사람이 쓰는 도구와 시설을 그대로 활용할 수 있다. 책상, 의자, 차량, 가정집 구조까지 모두 인간 신체에 맞춰져 있기 때문에, 로봇을 인간형으로 만들면 별도의 환경 개조 없이 기존 공간에서 작업을 수행하기가 수월하다. 휴머노이드 로봇은 두 팔과 다리로 인간이 하는 거의 모든 동작을 흉내 낼 수 있기 때문에, 이론상으로는 알맞은 소프트웨어만 있다면 사람이 할 수 있는 거의 모든 일을 해낼 수 있다. 한마디로 범용성 측면에서 인간형 로봇은 최적의 퍼텐셜을 가진 플랫폼이라 할 수 있다.

둘째 이유는 인간과의 소통과 협업 측면이다. 기계라 할지라도 인간의 형상을 하고 인간과 유사한 행동을 보이면, 사람들이 더욱 친숙하게 느끼고 자연스럽게 다가갈 수 있다. 이는 작업 현장에서 로봇과 협업(co-working)을 할 때도 중요하며, 서비스 현장에서 사람과 교감(interaction)하는 데도 큰 장점이 된다. 실제 연구에 따르면 사람은 비인간형 로봇에 대해서는 그저 도구나 사물로 인식하는 반면, 인간처럼 생긴 로봇에게는 무의식적으로 마음이나 의도를 부여해 사회적 존재로 받아들이는 경향이 있다고 한다. 이러한 인지적 의인화 현상은 로봇에 대한 신뢰감과 호감도를 높여 줄 수 있으며, 로봇이 사람들과 팀을 이뤄 일하거나 돌봄 역할을 할 때 긍정적으로 작용할 수 있다. 예컨대 UC샌디에이고의 한 연구 팀은 휴머노이드에게 인간과 유사한 신체 언어와 춤 동작 등을 가르쳐 보다 풍부한 표현력으로 인간과 신뢰를 쌓을 수 있음을 보이고 있다. 일론 머스크 역시 "로봇이 잘생기고 친구처럼 느껴지길 바란다"라고 언급하며, 인간형 디자인이 주는 정서적 연결의 가치를 시사했다.

물론 휴머노이드만이 가지는 단점과 한계도 분명하다. 사람 형태를 모방한다고 해서 무조건 효율적이라는 보장은 없다. 사실 평탄한 바닥의 산업 환경에서는 바퀴로 움직이는 로봇이 이족 보행 로봇보다 훨씬 빠르고 안정적이며, 더 무거운 하중을 들어 올릴 수도 있다. 두 발로 균형을 잡아 걸으려면 막대한 연산과 에너지가 소모되며, 작은 지형 변화에도 넘어질 위험이 있다. 다섯 손가락을 갖춘 인간형 손 역시 아직까지는 특정 작업에 특화된 기계손보다 섬세함이나 내구성 면에서 부족하다. 그럼에도 여러 엔지니어들이 사람과 닮은 로봇에 도전하는 것은, 앞서 언급한 환경 적응력과 범용성의 이점을 포기하기 어렵기 때문이다. 또한 사람들은 본능적으로 자기 자신을 닮은 인공지능에 더 큰 흥미와 관심을 보이는 경향이 있다. 휴머노이드 로봇은 그러한 호기심과 상상력을 자극해 기술 발전을 가속하는 아이콘이기도 하다.

기술적 도전과 사회적 함의

휴머노이드 로봇이 현실 세계에 본격 투입되기 위해 극복해야 할 기술적 과제도 만만치 않다. 먼저 이동과 조작의 문제가 있다. 두 발로 걷고 균형을 잡는 일은 인간에게도 꽤 어려운 일인데, 로봇에게 이를 가르치는 것은 막대한 센서 기술과 제어 알고리즘을 필요로 한다. 현재까지 인간형 로봇의 보행은 비교적 낮은 속도에 불과하고 약간의 지면 요철에도 쉽게 비틀거릴 수 있다. 미끄러운 경사로나 장애물이 많은 실외 환경에서는 안정적으로 걷기가 더욱 어렵다. 반면 바퀴나 궤도형(tread) 로봇은 이러한 지형에서도 훨씬 안정적이고 신속하게 움직일 수 있다. 즉, 모든 로봇을 굳이 인간처럼 걸어 다니게 만드는 것이 옳은가에 대한 회의적인 시각도 존재한다. 이에 대한 한 가지 대안으로, 평소에는 바퀴로 주행하다가 필요할 때만 두 발로 일어서서 작업하는 하이브리드 로봇 등의 개념도 연구되고 있다. 또한 전신을 인간과 유사하게 만들 경우 동력원과 배터리 문제도 커진다. 현재 기술로는 인간 크기의 로봇이 배터리 하나로 오래 자율 동작하기가 어려워, 몇 시간도 안 되어 재충전하거나 유선 전원을 연결해야 하는 경우가 많다. 근력에 해당하는 모터와 유압 장치들도 휴머노이드의 전신에 꽉 채워야 하는데, 이 때문에 무게가 증가하고 에너지 소모도 커지는 딜레마가 있다. 인간의 근골격계를 완전히 모사하면서도 가볍고 효율적인 구동 장치를 만드는 일, 그리고 고밀도 배터리 개발은 휴머노이드 보급의 열쇠를 쥔 기술적 난제다.

둘째로, 지능과 소프트웨어의 도전이 있다. 휴머노이드가 진정한 자율성을 가지려면 인간 수준의 인지와 판단 능력이 요구된다. 주변 환경을 컴퓨터 비전으로 정확히 인식하고, 상황에 맞는 행동을 순발력 있게 결정하며, 심지어 사람의 의도와 감정까지 파악해 대응할 수 있어야 한다. 최근 대규모 언어 모델(LLM) 기반 AI나 강화 학습을 통한 로봇 제어 등으로 많은 진전이 이뤄지고 있으나, 여전히 인간의 유연한 지능과는 큰 격차가 있다. 예를 들어 로봇에게 "부엌에 가서 책상 위 빨간 컵을 가져와 줘"라고 자연어로 부탁했을 때, 로봇이 이를 완벽히 이해하고 경로의 장애물을 피해 컵을 집어 들고 사용자에게 가져오는 수준은 아직 연구 개발 단계다. 여러 연구진이 이러한 멀티모달 AI와 로봇공학을 결합해 보려고 시도하고 있으며, 부분적인 성공을 거두고는 있지만 완전한 가정용 로봇 비서가 나오기까지는 해결해야 할 예외 상황들이 무수히 많다. 특히 가정 환경은 공장처럼 통제가 잘 된 곳이 아니어서, 로봇이 예측하지 못한 온갖 변수가 발생할 수 있다. 이러한 비정형 환경(unstructured environment)에서 실수를 저지르지 않고 인간처럼 유연히 대응하는 것은 현재 AI 기술의 한계점을 시험하는 어려운 문제다.

마지막으로, 휴머노이드 로봇이 몰고 올 사회적 함의와 윤리적 이슈도 중요하다. 인간과 구별이 어려울 정도로 정교한 로봇이 나타날 경우, 우리 사회의 대인 관계와 노동 개념에는 중대한 변화가 일어날 수 있다. 먼저 일자리 측면에서 보면, 휴머노이드가 단순노동을 대체하기 시작하면 일부 직무는 인간이 더 이상 필요 없게 될 수 있다. 실제로 AI와 로봇이 반복적인 업무를 맡으면 사람들은 보다 창의적이고 감성적인 역할에 집중하게 될 것이라는 전망이 나온다. AI가 산업화를 통해 인간 노동을 대체했던 과거 기계화 시대와 유사하게, 피지컬 AI 시대에는 육체적 노동의 상당 부분이 자동화되고, 인간은 기계가 할 수 없는 창의 업무에 주력하는 방향으로 직업 구조 재편이 이뤄질 가능성이 있다. 이는 긍정적인 변화일 수도 있지만, 전환 과정에서 노동자의 실직과 재교육 문제가 발생할 수 있어 사회적 대비가 필요하다. 또한 로봇이 자율적으로 판단하고 행동할 경우, 잘못된 의사결정이나 사고가 났을 때 법적 책임을 누구에게 물을지도 쟁점이다. 예를 들어 공장에서 휴머노이드 로봇이 작업 중 실수로 사고를 일으켰을 때 제조사, 사용 기업, 로봇 자체 중 누가 책임을 질 것인지 명확한 기준이 필요하다. 이러한 로봇 책임론은 자율주행차의 사고 책임 문제 등과 함께 앞으로 법과 제도가 해결해야 할 과제다. 한편, 휴머노이드 로봇이 사람들과 어울려 생활할 때 생길 심리적 · 윤리적 문제도 제기된다. 인간처럼 말하고 표정을 짓는 로봇이 우리 곁에 있을 때, 사람들은 쉽게 정서적 애착을 느끼거나 로봇을 의인화해 생각하게 된다. 로봇이 아무리 인간처럼 보여도 결국은 프로그램된 기계일 뿐인데, 사람들이 이를 착각해 인간을 대하듯 상대하고 믿어 버린다면 예기치 않은 사회적 혼란이 생길 수 있다는 지적이다. 예를 들어, 로봇이 아이나 노인의 친구 역할을 대신하게 되면 인간 고유의 사회적 교류가 줄어들 수 있고, 로봇에게 과도한 신뢰를 주었다가 보안상의 악용이나 사고로 이어질 위험도 있다. 또한 인간처럼 생긴 로봇이 감정표현을 할 경우, 이를 본 사람이 느끼는 동정심이나 공감 등의 감정은 진짜 인간관계에서 느끼는 것과 유사하게 유발되는데, 이러한 감정 교류가 일방향으로 흐르게 될 때 사람의 정신에 어떠한 영향을 줄지도 연구가 필요하다. 궁극적으로 휴머노이드와 인간의 건강한 공존을 위해서는, 로봇 윤리와 설계 철학에도 변화가 요구된다. 로봇이 지켜야 할 기본 원칙(아시모프의 로봇 3원칙 등)부터 시작해, 로봇을 인간과 유사하게 대우해야 할지 여부, 또한 로봇의 권리를 인정할지 말지 같은 철학적 질문들도 머지않아 현실 문제로 대두될 가능성이 있다. 요컨대 휴머노이드 기술이 발전할수록 단순히 성능 향상과 보급률 증가만을 볼 것이 아니라, 이러한 사회적 영향을 입체적으로 살펴야 한다. 정부와 산업계는 로봇 산업 육성에 힘쓰는 동시에, 노동 정책이나 윤리 가이드라인 마련에도 발맞춰 나가야 한다. 새로운 기술이 가져오는 편익을 극대화하면서 부작용을 최소화하기 위해, 기술자와 인문사회 전문가, 정책 입안자들이 함께 노력해야 할 것이다. 피지컬 AI가 인류의 삶에 깊숙이 들어오는 시대인 만큼, 기술과 사회의 조화로운 접점을 모색하는 지혜가 요구된다.

앞으로의 전망

산업과 일상에 변화를 몰고 올 휴머노이드 로봇의 전망은 매우 밝으면서도 도전적이다. 많은 전문가들은 향후 10~20년이 휴머노이드 기술의 도약기가 될 것으로 예상한다. 현재 세계 유수의 기술 기업들이 앞다퉈 투자에 나서고 있는 만큼, 하드웨어 성능 개선과 AI 알고리즘 고도화가 빠르게 진행될 것이다. 일론 머스크는 테슬라 공장에 올해 말까지 수천 대의 옵티머스 로봇(Tesla Optimus)을 투입하겠다는 청사진을 밝히는 등, 인간형 로봇을 대량 생산해 산업 전반에 활용하려는 강한 의지를 보이고 있다. 심지어 장기적으로는 전 세계적으로 인간과 함께 일하고 생활하는 휴머노이드 로봇의 수가 수십억 대에 이를 것이라는 파격적인 전망도 내놓았다. 비록 이러한 수치는 과장된 예상일 수 있지만, 그만큼 휴머노이드가 미래 사회에 널리 퍼질 잠재력이 크다는 점은 분명해 보인다. 실제 시장 조사에서도 향후 휴머노이드 로봇 시장 규모가 현재 10억 달러대에서 10년 내 수백억 달러 규모로 폭발적 성장이 기대되고 있다. 각국 정부도

이 흐름에 주목해 전략적 지원을 강화하고 있다. 앞서 언급한 한국의 K-휴머노이드 연합 출범처럼, 미국, 중국, 유럽 등도 차세대 로봇 산업의 패권 경쟁에 뛰어든 상황이다. 이는 과거 자동차나 반도체 산업처럼, 향후 휴머노이드 기술력이 한 나라의 제조업 경쟁력을 좌우할 핵심 요소가 될 수 있음을 의미한다. 기술적인 측면에서, 가까운 미래에는 현재 프로토타입 단계인 휴머노이드들의 성능과 안정성이 크게 향상될 것으로 전망된다. AI 두뇌는 더 똑똑해지고 학습 능력이 강화되어, 로봇이 배운 경험을 서로 공유하는 집단 학습도 가능해질 수 있다. 또한 컴퓨터 비전과 자연어 처리 기술의 발달로 사람과 대화하고 주변을 인지하는 능력이 사람에 가까워질 것이다. 하드웨어적으로도 경량 고출력의 신소재 액추에이터, 고밀도 배터리와 에너지 효율 최적화 기술, 그리고 사람과 똑같은 섬세한 손동작을 구현할 로봇 손가락 기술 등이 속속 개발되고 있다. 이러한 요소 기술이 축적되어 궁극적으로 가격과 신뢰성 문제까지 개선된다면, 휴머노이드 로봇은 지금의 자동차나 PC처럼 누구나 활용하는 보편적 도구가 될 가능성도 있다. 특히 고령화와 인구 구조 변화로 돌봄 인력과 단순노동 인력이 부족해지는 사회에서는 휴머노이드가 인간을 돕는 중요한 역할을 맡게 될 것이다. 산업 현장에서는 사람과 동일한 공간에서 협업하며 유연하게 생산 라인을 변경하는 완전 자율 공장을 실현하고, 서비스 분야에서는 24시간 대기하며 고객을 응대하거나 위험 지역에 투입되는 등 사람을 대체하거나 보조하는 활용이 늘어날 것이다. 나아가 우주 탐사나 해양 개발처럼 극한 환경에서도 인간 대신 휴머노이드가 투입되어 활약할 전망이다. 미국 항공우주국(NASA)의 발키리(Valkyrie) 로봇이나 러시아의 우주 로봇(FEDOR 등) 개발 사례에서 보듯, 장기적으로 사람을 대신해 우주 공간이나 재난 현장에 투입되는 원정 휴머노이드도 현실화되고 있다. 이러한 미래상은 물론 장밋빛 일면만 있는 것은 아니다. 실제로 인간과 같이 만능으로 보이는 로봇을 만드는 일은 매우 복잡하며, 진정한 인공 일반 지능(AGI)에 도달해야 가능한 영역이라는 신중론도 있다. 하지만 분명한 것은 피지컬 AI의 시대가 개막되었고, 휴머노이드 로봇이 그 최전선에 서 있다는 사실이다. 지금 이 순간에도 로봇공학자와 AI 전문가들은 인간과 같은 새로운 존재를 만들어 내기 위해 구슬땀을 흘리고 있다. 그 결과물이 우리 산업과 생활에 스며들기 시작하면, 우리는 인류 역사상 유례없는 변화와 마주하게 될 것이다. 기계와 인간의 경계가 모호해지고, 경험의 공간이 디지털에서 물리 세계로 확대되면서, 우리의 삶은 새로운 패러다임으로 재편될 것이다. 휴머노이드 로봇은 우리에게 편리함과 생산성을 선사할 뿐 아니라, 기술이 인간 사회에 어떤 의미를 갖는지에 대한 근본적인 성찰까지 불러일으키고 있다. 앞으로 우리는 이 휴머노이드 기술의 가능성과 한계, 그리고 사회적 합의를 모두 마주하며, 그것을 통해 더 나은 미래를 만들어 갈 책임이 있다. 분명한 사실은, 인간의 형상을 한 AI인 휴머노이드 로봇이 피지컬 AI 시대의 선봉에서 우리와 함께 새로운 역사를 써 나가고 있다는 것이다. 인공지능과 로봇이 빚어낼 변화의 물결이 이제 막 시작되었으며, 그 여정이 가져올 사회의 풍경은 이전과 확연히 달라질 것이다. 우리는 그 변화의 방향을 주의 깊게 살피고 이끌어 가며, 휴머노이드와 함께 열어 갈 미래를 준비해야 한다. 결국 휴머노이드 로봇이 선사할 혁신은 곧 인간 경험의 확장이며, 이는 기술과 인간이 조화를 이룰 때 비로소 꽃피울 것임을 명심해야 한다. 모든 문명의 이기가 그러했듯, 휴머노이드 역시 우리 삶을 이롭게 하는 도구로서 활용될 때 비로소 진정한 가치가 실현될 것이다. 앞으로 펼쳐질 피지컬 AI 시대에 휴머노이드 로봇이 가져올 변화는 인류가 기술과 함께 만들어 갈 새로운 미래의 일상이 될 것이다.

참고문헌

심나영(2025.4.21). [최고기술자에게 듣는다]⑩박상엽 LG CNS CTO 업무 스스로 판단하는 '에이전틱 AI' 시대 온다. 《아시아경제》, https://v.daum.net/v/20250421081009994

에디터 제인(2025.4.1). AI가 인간처럼 움직인다, 피지컬 AI의 등장. 스마트테크코리아, https://smarttechkorea.com/techinsights/?bmode=view&idx=160411961

위키백과. 항목 'K-휴머노이드 연합', https://ko.wikipedia.org/wiki/K-휴머노이드_연합

Elgan, M.(2024.8.22). 칼럼. 휴머노이드 로봇의 눈망울에 홀리지 말라. *CIO*, https://www.cio.com/article/3538628/칼럼-휴머노이드-로봇의-눈망울에-홀리지-말라.html

Karaahmetovic, V.(2024.12.8). AI 분야 주요 애널리스트 동향: MS 필수 보유 주식 평가, 테슬라 목표가 상향 조정". 인베스팅닷컴, https://kr.investing.com/news/stock-market-news/article-1296293

Eudaily, C.(2025.4.23). 5 quotes: Elon Musk on robotaxi timeline, Optimus robots, tariffs, energy and Tesla's future. *CNBC*, https://www.cnbc.com/2025/04/23/elon-musk-on-robotaxi-optimus-tariffs-energy-and-teslas-future.html

Wikipedia. 항목 'Humanoid robot', https://en.wikipedia.org/wiki/Humanoid_robot

03
인간과 소통하는 피지컬 AI

피지컬 AI는 이제 인간의 감정까지 인식하고 소통하는 새로운 차원으로 진화하고 있다. 표정, 음성, 생체 신호 등을 통합 분석하는 감정 인식 기술과 더불어, 공감하며 반응하는 인공 감정 시스템이 등장하면서 인간-기계 간의 정서적 상호작용이 현실화되고 있다. 돌봄, 교육, 서비스 등 다양한 분야에서 감정 소통형 로봇이 활용되며, 사람들은 기계에 애착을 형성하고 신뢰를 느끼기도 한다. 그러나 이러한 변화는 기술의 발전만큼 윤리적 기준과 사회적 준비도 함께 요구된다.

인공지능과 편향?

감정 인식 및 감정 소통 기술의 발전

인간과 감정까지 소통하는 피지컬 AI의 핵심에는 감정 인식(Affective Sensing)과 감정 컴퓨팅(Affective Computing) 기술의 발전이 놓여 있다. 감정 인식 AI란 말 그대로 인공지능이 인간의 감정을 읽어 내는 시스템으로서, 영어로는 'Emotion AI'라고도 불린다. 구체적으로는 표정, 음성, 텍스트 등의 데이터를 분석해 기쁨이나 분노 같은 감정 상태를 파악하는 것이다. 예컨대 얼굴 표정 근육의 움직임으로 미소나 찡그림을 감지하거나, 음성의 톤과 빠르기로 말하는 이의 심리 변화를 추정하는 식이다. 이러한 기술 개념은 1990년대 후반 매사추세츠 공과대학(MIT)의 로절린드 피카드(Rosalind Picard) 교수가 "감성 컴퓨팅"이라는 용어로 학문적 토대를 마련하면서부터 본격적으로 논의되었는데, 당시에는 주로 사람의 감정을 이해하는 컴퓨터를 만들기 위한 연구 수준이었다. 그로부터 수십 년간 패턴 인식과 머신 러닝의 발전으로 감정 인식 정확도는 꾸준히 향상되었고, 2010년대 중반 이후 딥 러닝의 도입으로 인간도 놓치기 쉬운 미묘한 표정 · 음성 신호까지 AI가 포착할 수 있게 되었다. 인간 전문가조차 완벽히 알아채기 어려운 감정의 단서를, 방대한 데이터 학습을 거친 AI는 특유의 통계적 직관으로 읽어 내는 것이다. 요컨대 AI가 사람의 감정 인지 능력을 뛰어넘어 이전에는 불가능했던 수준의 감정 분석 영역으로 발을 들이고 있는 셈이다.

감정 인식 AI는 현재 멀티모달(Multimodal) 기술로 진화해, 여러 감각 정보를 종합적으로 활용하는 접근을 취하고 있다. 예를 들어 얼굴 영상 분석 기술은 표정에서 기본적인 감정을 비교적 정확히 읽어 내는 단계에 이르렀고, 음성 감정 인식은 목소리의 억양과 말의 빠르기 등을 실시간으로 분석해 화자(話者)의 감정을 추론한다. 여기에 더해, 착용 기기나 센서를 통해 심박수, 피부 반응, 체온 같은 생체 신호를 감지하면 스트레스나 흥분 상태를 파악하는 데 활용할 수도 있다.

무엇보다 중요한 것은, AI가 감정을 인식하는 것에서 나아가 인간과 유사한 방식으로 감정을 표현하며 소통하려는 시도다. 이러한 영역을 흔히 인공 감정(Artificial Emotion) 또는 인공 공감(Artificial Empathy)이라고 부른다. 즉, 기계가 사람의 감정을 읽고(Read) 그에 반응(Respond)할 뿐만 아니라, 적절한 정서적 표현(Expression)을 통해 공감하는 태도를 보이는 것이다. 예를 들어 누군가 슬퍼 보이면 로봇이 목소리를 부드럽게 낮춰 "무슨 일 있나요?"라고 물으며 위로하는 식이다. 최근 연구에서 대화형 AI 챗봇의 공감 대화 능력이 실제 의사보다 높게 평가받은 사례도 보고될 정도로, 인간의 감정에 맞춰 주는 AI의 효과는 점차 입증되고 있다. 물리적인 로봇의 경우, 얼굴 화면에 감정을 나타내는 표정을 띠거나 부드러운 신체 동작으로 친근함을 표현하는 등 다양한 감정 소통 전략이 개발되고 있다. 예컨대 스웨덴에서 개발된 퍼햇(Furhat)이라는 소셜 로봇은 프로젝터로 사람 얼굴을 닮은 표정을 실시간 표시하며 대화 상대를 따라 웃기도 하고, 듣는 동안 고개를 끄덕이는 등 다양한 표정과 제스처로 감정을 표현한다. 일본 소프트뱅크의 페퍼(Pepper) 로봇은 사람의 감정 상태에 따라 가슴에 달린 하트 디스플레이 색깔을 바꾸고, 말투를 조절하는 등의 감정적 반응 알고리즘을 선보였다. 이런 감정 소통 기술 덕분에, 인간과 AI의 상호작용은 점차 더 직관적이고 인간다운 대화 형태로 나아가고 있다. 이는 AI 시스템과의 사용자 경험을 크게 향상하며, 기술에 대한 친숙도와 신뢰를 높이는 중요한 요소가 되고 있다.

인간-기계의 감정적 상호작용

AI가 인간의 감정에 반응하고 또 자신의 "감정"을 표현하기 시작하면서, 인간-기계 관계는 중대한 전환점을 맞이하고 있다. 우리는 오랫동안 기계를 도구나 자동화된 비서로 여겨 왔지만, 감정적으로 소통하는 AI의 등장으로 기계에 대한 우리의 사회적 인식도 변화하고 있다. 일상에서 사람들은 무심코 기계에 감정 이입을 하곤 한다. 자동차에 애칭을 붙이고, 새 차로 바꿀 때 아쉬움을 느끼거나, 말 못 하는 로봇 청소기가 맹목적으로 자신의 집 안을 돌아다니는 모습을 보고 애착을 갖는다. 심지어 폭탄 제거 로봇을 다루는 군인들이 함께 위험을 무릅쓰는 로봇에 강한 유대감을 느껴 전우처럼 생각하는 사례도 보고된 바 있다. 이러한 감정적 유대는 이제 단순한 인간의 일방적 투영을 넘어, AI 역시 이에 호응하는 쌍방향 교감으로 발전하고 있다.

감정적 상호작용이 가져오는 가장 큰 변화는 기계를 대하는 태도의 인간화다. 사람들은 자신의 감정을 이해해 주는 로봇에 대해 친밀감과 신뢰를 형성하기 쉽다. 최근 한 연구에서는 인간 팀에 로봇을 배치해 협업 실험을 진행했는데, 팀원들이 로봇에게 정서적 애착을 느낀 경우, 업무 성과와 팀 결속력이 향상되는 것으로 나타났다. 로봇 동료를 "소중하게 느낀다"거나 "계속 함께 일하고 싶다"는 등의 긍정적인 응답이 나온 팀이 더욱 효율적으로 목표를 달성한 것이다. 이는 직장에서 AI와 인간의 협업에서도 감정적 유대가 중요한 요소임을 시사한다. 기업 입장에서는 직원들이 AI 도구를 거부감 없이 받아들이고 친밀하게 여기도록 설계하는 것이 생산성에 도움이 될 수 있다는 것이다. 또한 가정이나 개인 생활에서, 정서 교감 AI는 동반자적 관계로 자리 잡을 가능성을 보여 준다. 예를 들어 노인들은 자신에게 말을 걸어 주고 반응하는 돌봄 로봇에게 정서적 안정을 느끼기도 하며, 외로움을 달래주는 친구 같은 로봇으로 인식하기도 한다. 실제로 일본에서 판매된 아이보(AIBO) 로봇 강아지나 가정용 소셜 로봇들에게 정을 붙인 사용자들이 기계 수명이 다해 로봇이 작동을 멈추자 마치 가족을 잃은 듯 슬퍼하며 "장례식"까지 치렀다는 일화는 유명하다. 이처럼 AI에 대한 인간의 애착은 때로 우리가 예상하는 것보다 훨씬 깊이 형성될 수 있다. 그러나 인간처럼 느껴지는 AI가 주는 심리적 편안함의 이면에는 새로운 고민거리도 등장한다. 로봇에게 과도한 신뢰나 감정 이입을 하게 될 경우, 경계가 모호해지는 관계에서 오는 위험을 간과할 수 있기 때문이다. 연구자들은 사람들이 로봇 동료를 인간 동료와 똑같이 신뢰해 민감한 말을 털어놓거나 방심하는 경우를 우려한다. 또한 AI는 본질적으로 데이터를 수집·분석하는 기계이므로, 인간이 느끼는 윤리적 책임이나 배려심이 결여되어 있다. 그럼에도 사람이 로봇을 의인화해 생각하게 되면, 기계의 한계를 망각하고 부적절한 기대나 의존을 할 소지도 있다. 따라서 감정적 상호작용이 활성화될수록 한편으로는 "로봇은 로봇일 뿐"이라는 인식 교육도 중요해질 전망이다.

인간-기계 감정 소통의 주요 사례

감정을 소통하는 피지컬 AI는 다양한 분야에서 실험적 적용과 초기 실용화 사례를 만들어 내고 있다. 특히 사람과의 정서적 교류가 중요한 산업이나 서비스 영역에서 이러한 로봇들이 두각을 나타내고 있다. 몇 가지 대표적인 사례와 분야를 살펴보면 다음과 같다.

우선 헬스케어와 복지 영역을 살펴보자. 치료 및 돌봄 현장에서 감정 소통 AI 로봇이 큰 역할을 하고 있다. 일본에서 개발된 아기 물범 모양의 치료 로봇 파로(PARO)는 귀여운 외형과 반응성을 통해 환자의 정서 안정과 긍정적 감정 유도를 목표로 한다. 실제 동물 매개 치료(animal therapy)를 대체할 수 있는 로봇 치료사로 설계된 파로는, 쓰다듬으면 꼬리를 흔들고 울음소리를 내면서 환자의 교감을 이끌어 낸다. 연구에 따르면 파로와의 상호작용은 치매 환자의 우울감과 고립감을 완화하고,

문제 행동을 감소시키는 효과가 있었다고 한다. 또한 파로는 미국 식품의약국(FDA)에서 의료 기기로 승인받아 노인 요양 시설 등에 보급되는 등, 감정적 교감이 중요한 돌봄 영역에서 실용성을 입증했다. 이러한 감성형 돌봄 로봇들은 노인들의 외로움 해소, 환자들의 정서 치유 등에 활용되며, 인구 고령화와 사회적 고립 문제가 대두되는 현대에 기술로 인간의 정서를 보듬는 새로운 해결책으로 주목받고 있다.

다음은 교육과 발달 지원 영역의 사례다. 아이들의 정서 발달과 학습에도 감정 소통 AI가 도입되고 있다. 미국의 스타트업 임보디드(Embodied)가 출시한 사회적 로봇 '막시(Moxie)'는 5~10세 어린이를 대상으로 사회성 및 공감 능력 향상을 돕도록 설계되었다. 막시는 매일 짧은 대화와 놀이를 통해 아이와 의미 있는 상호작용을 가지는데, 매주 "친절", "우정", "공감" 같은 새로운 주제를 설정하고, 그와 관련된 임무(missions)를 아이와 함께 수행한다. 예를 들어 막시와 함께 호흡 운동이나 명상으로 마음을 가라앉히거나, 오늘 있었던 감정적인 일을 그림으로 표현해 보는 식의 활동을 한다. 이러한 과정을 통해 아이들은 감정 인지와 자기 조절, 타인에 대한 공감 등의 사회적 기술과 정서적 기술을 자연스럽게 배우게 된다. 특히 자폐 스펙트럼이 있는 아동의 경우, 사람보다 예측 가능하고 반복 학습에 적합한 로봇과 상호작용하는 것이 대인 커뮤니케이션 연습에 도움이 된다는 연구도 있다. MIT 미디어 랩 출신 연구자들은 자폐 아동이 감정 표현을 배우고 타인의 감정을 읽는 연습을 돕기 위해 감정 인식 AI를 활용한 로봇을 개발해 왔으며, 이러한 노력이 상업용 로봇인 막시 등의 제품에 반영되고 있다. 한편, 학교 교육 현장에서도 아이의 표정이나 태도를 파악해 참여도를 진단하는 AI 튜터 소프트웨어, 정서 상태에 맞춰 피드백을 달리 주는 교육용 챗봇 등 감정 대응형 학습 도구들이 등장하고 있다. 이처럼 교육 분야에서 감정까지 이해하는 AI는 맞춤형 학습과 정서 코칭을 지원함으로써, 교사와 부모를 보조하는 새로운 역할을 맡아가고 있다.

고객과 직접 대면하는 서비스 업종에서도 감정 소통 AI의 활용이 늘고 있다. 대표적인 예로, 일본과 유럽 등의 은행 · 매장에서는 페퍼 로봇이 안내 직원으로 배치되어 방문객의 표정과 말투를 인식해 응대한 사례가 있다. 페퍼는 대화를 나누는 상대의 웃는 얼굴을 감지하면 밝게 반응하고, 화난 목소리를 인식하면 목소리 톤을 낮추는 식으로 상황에 맞춘 감정 표현을 하도록 프로그래밍되었다. 비록 한계도 있었지만 이러한 시도는 감정적으로 친밀한 서비스 로봇의 가능성을 보여 주었다.

이처럼 헬스케어, 교육, 서비스 산업 등을 중심으로 감정 소통형 피지컬 AI의 적용이 활발해지고 있다. 감정과 연결된 AI 기술은 인간이 하는 많은 일에 새로운 부가가치를 더할 수 있기 때문에, 앞으로도 다양한 산업에서 혁신 요소로 작용할 전망이다.

기업과 사회가 준비해야 할 변화

피지컬 AI가 인간의 감정까지 다루게 되면서, 기업과 사회 전반에는 새로운 변화에 대비할 과제와 윤리적 고민거리들이 생겨나고 있다. 우선 기업들은 조직 문화와 인력 운용 측면에서 변화를 준비해야 한다. AI 로봇이 동료나 부하 직원처럼 일터에 등장할 경우, 인간 직원들이 이를 협력자로 수용하도록 교육하고 지원하는 일이 중요하다. 앞서 언급한 연구들에서 보듯, 로봇과 정서적 유대를 형성하는 것이 업무에 도움을 줄 수 있지만, 어디까지나 로봇은 기록 장치이자 회사 자산임을 직원들이 인지하도록 명확한 가이드라인을 제공해야 한다. 예를 들어 직원들이 로봇에게 지나치게 사적인 정보를 발설하지 않도록 주의시키거나, 로봇 사용 중 수집되는 감정 데이터의 처리와 프라이버시 보호 방침을 투명하게 공지하는 등의 조치가 필요하다.

더불어 윤리적 논쟁도 활발히 이뤄지고 있다. 노인의 말벗이 되어 주는 로봇이 과연 진정한 정서적 보살핌을 제공하는 것인지, 아니면 단지 겉모습만으로 위로의 착각을 주는 것인지에 대한 의문이 제기된다. 일부 전문가들은 인간이 서로 돌보고 책임져야 할 감정적 케어의 영역을 기계에 맡기는 것이 과연 인간적이고 윤리적인가 문제 제기하고 있다. MIT의 셰리 터클(Sherry Turkle) 교수는 파로 같은 로봇이 주는 교감은 "관계의 환상"에 불과하며, 오히려 대인 관계 형성이 어려운 사람들이 로봇에게 더 의지하게 만들어 사회적 고립을 심화할 수 있다고 경고한다. 이러한 지적들은 인간 중심의 기술 철학을 다시 생각하게 한다. 감정 소통 AI를 활용하되, 어디까지나 인간의 삶의 질 향상과 존엄성 보장을 최우선 가치로 삼아야 할 것이다. 요컨대 기업과 사회는 피지컬 AI의 감정 소통 시대에 걸맞게 기술 활용의 원칙과 윤리 기준을 세워 나가야 한다. 투명성, 책임성, 프라이버시, 인간 존중 등의 키워드를 중심으로 가이드라인을 수립하고, 개발 단계부터 이해관계자들의 의견을 반영하는 포괄적 거버넌스가 필요하다. 다행히도 많은 AI 연구자와 산업계 리더들이 이런 이슈를 인식하고 있어, 심리학자, 윤리학자, 엔지니어가 함께 모여 논의하는 멀티 분야 협력이 진행되고 있다. 궁극적으로 "신뢰할 수 있고, 인간을 배려하는 AI"를 만드는 것이 목표이며, 이를 위해서는 감정 인식 알고리즘의 성능 개선뿐 아니라 윤리적 검증 절차와 사회적 합의의 틀이 뒷받침되어야 할 것이다.

감정까지 소통하는 피지컬 AI가 본격적으로 확산되면, 우리의 미래 일상과 산업 풍경은 지금과 상당히 달라질 것으로 예상된다. 가까운 미래에는 가정마다 개인 맞춤형 AI 파트너 한둘쯤은 함께하는 시대가 올지도 모른다. 아침에는 기분을 살펴 주는 AI 비서가 현재 감정 상태에 맞게 음악을 추천해 주고, 낮에는 돌봄 로봇이 노부모의 건강과 정서를 살핀 뒤 자녀에게 보고하며, 아이들은 귀가 후 AI 친구와 놀면서 사회성을 기르는 광경이 더 이상 SF가 아닐 수 있다. 실제로 로봇은 간병인, 교사, 비서, 상담자 등 다양한 역할로 인간 생활에 파고들 것으로 보인다. 세계적인 노동력 부족이 문제시되는 간호, 노인 돌봄 분야에서 로봇은 인간을 보조하며, 보다 세심한 정서 케어를 제공할 수 있다.

이러한 발전에 맞게 윤리 교육과 규범 정립이 중요하다. 어릴 때부터 AI와 상호작용하는 세대는 로봇을 친구처럼 느낄 테지만, 기계와 인간의 차이와 윤리적 고려 사항에 대해 가르칠 필요가 있다. 인간과 감정까지 소통하는 피지컬 AI 시대는 더 이상 SF가 아니라, 서서히 다가오는 현실이다.

참고문헌

오승해(2019.4.8). 사람에게 감정 이입하는 따뜻한 로봇, '퍼햇'. AI타임스, https://www.aitimes.com/news/articleView.html?idxno=48124

IRS글로벌(2019.10.29). 딥 러닝이 실현하는 비즈니스의 가능성, https://www.irsglobal.com/bbs/rwdboard/14357

Ackerman, E.(2020.4.28). Meet Moxie, a social robot that helps kids with social-emotional learning. *IEEE Spectrum,* https://spectrum.ieee.org/moxie-a-social-robot-for-childhood-development

Lee, D.(2019.1.11). Lovot is the first robot I can see myself getting emotionally attached to. *The Verge,* https://www.theverge.com/2019/1/10/18176002/lovot-groovex-robot-emotional-attachment-ces-2019

Mazrouei, N. Al(2025.2.17). Emotion AI: Transforming human-machine interaction. *Trends Research & Advisory,* https://trendsresearch.org/insight/emotion-ai-transforming-human-machine-interaction/

Patrizio, A.(2024.8.2). Physical AI explained: Everything you need to know. *TechTarget,*

https://www.techtarget.com/whatis/feature/Physical-AI-explained-Everything-you-need-to-know
Safe AI Now. Emotion recognition in the workplace: Compliance challenges ahead of february 2025 EU ban, https://www.safeainow.com/blog/Emotion%20Recognition_Challenges_Ahead%20of%20Feb%202025%20EU%20Ban
Thomas, Laurel(2019.7.22). Humans and robots: the emotional connection. University of Michigan Robotics, https://robotics.umich.edu/news/2019/humans-and-robots-the-emotional-connection/
Wikipedia. 항목 'Artificial empathy', https://en.wikipedia.org/wiki/Artificial_empathy
Wikipedia. 항목 'Paro (robot)', https://en.wikipedia.org/wiki/Paro_(robot)
Wikipedia. 항목 'Pepper', (robot), https://en.wikipedia.org/wiki/Pepper_(robot)
WIPO(2023.6.14). LOVOT - The New Companion Robot to overcome loneliness, https://www.wipo.int/en/web/ip-advantage/w/stories/lovot-the-new-companion-robot-to-overcome-loneliness

04
예술에 참여하는 피지컬 AI

생성형 AI가 디지털 영역에서 텍스트와 이미지를 만들었다면, 피지컬 AI는 현실 세계에서 직접 창작을 수행하며 예술의 주체로 부상하고 있다. 로봇 화가 '아이다'와 마림바 연주 로봇 '시몬'처럼, AI는 미술과 음악 등 다양한 분야에서 인간과 협업하거나 독자적으로 창작함으로써 기존 예술의 경계를 허물고 있다. 이 과정은 예술의 정의, 창작 주체성, 감상 경험에 대한 근본적인 질문을 던지며, 인간과 AI의 새로운 예술적 공존 가능성을 제시하고 있다.

청각장애인과 AI?

피지컬 AI 시대의 새로운 창작자

생성형 AI가 문자나 그림, 음악을 디지털로 창작했다면, 이제 피지컬 AI는 그 아이디어를 현실에서 구현함으로써 창작자로서 활동한다. 이러한 피지컬 AI의 등장은 예술 창작의 주체를 인간에서 기계로 확장하며, 기술과 예술의 경계를 재정의하고 있다. 이런 변화 속에서 예술 분야에서 피지컬 AI의 역할이 주목된다. AI가 단순히 인간의 작품을 흉내 내는 수준을 넘어 창작의 방식 자체를 혁신하고 있기 때문이다. 로봇과 AI가 결합된 창작자는 새로운 예술 형태를 만들어 내며, 인간이 상상하지 못했던 표현을 가능하게 한다. 이제 로봇 팔과 센서를 가진 AI가 캔버스에 직접 그림을 그리고, 무대에서 악기를 연주하며, 인간과 공동으로 예술 작품을 만들어 내는 시대가 열리고 있다. 이 장에서는 미술과 음악 분야에서 피지컬 AI가 어떻게 창작자로 참여하는지, 그 사례들과 더불어 이로 인한 예술 개념과 감상 경험의 변화를 살펴본다.

로봇 화가와 새로운 예술 표현

몇 해 전 최초의 AI 화가 로봇 '아이다'가 등장해 미술계를 놀라게 했다. 아이다는 인간처럼 눈에 카메라를 달고 알고리즘으로 시각 정보를 처리한 뒤, 로봇 팔로 실제 캔버스에 그림을 그린다. 이전까지의 AI 화가는 주로 기존 그림을 변형하거나 디지털 이미지를 생성하는 수준이었지만, 아이다는 물감을 직접 사용해 작품을 창작하고, 예술 전시회까지 개최했다. 그녀는 퍼포먼스 아트와 협업 페인팅, 조각 작업까지 선보이며 전통 예술 기법과 첨단 기술의 융합을 보여 주었다.

아이다의 등장은 "로봇도 예술가인가?"라는 근본적인 질문을 던졌다. 실제로 2022년 영국 상원 청문회에 출석한 아이다는 "나는 비록 생명체가 아니지만 예술을 창작할 수 있다"라고 진술하며 화제가 되었다. 아이다가 만든 초상화 〈A.I. God〉(영국 수학자 앨런 튜링의 그림)은 약 132만 달러에 경매 낙찰되어, 로봇 예술품이 처음으로 미술 시장에 판매된 사례가 되었다. 이 작품은 인간 기술자들과 로봇이 협업해 탄생한 것으로, 아이다가 그림을 그리면 인간 팀이 일부 채색과 텍스처를 보완하고, 다시 아이다가 마무리하는 과정을 거쳤다. 이런 공동 창작 과정은 기술이 어떻게 예술의 경계를 확장할 수 있는지 보여 주는 대표적 사례로 평가받는다. 아이다뿐 아니라 여러 로봇 화가 프로젝트들이 미술 창작에 도전하고 있다. 독일 콘스탄츠 대학의 'e-다비드(e-David)'는 산업용 로봇 팔에 붓을 쥐여 주고 캔버스에 유화 물감을 칠하는 로봇 화가로, 카메라로 자신의 그림을 찍어 가며 점진적으로 완성도를 높인다. 이 로봇은 인간 화가의 붓질을 모방하는 단계를 넘어, 물감의 흘러내림이나 우연적 효과까지 계산에 넣어 독자적인 회화 스타일을 만들어 낸다. 한편 제스처 기반의 페인팅 AI도 실험되고 있다. 예를 들어 센서가 사람의 손짓이나 신체 움직임을 인식하면, 이를 해석한 AI가 로봇 팔을 움직여 그림을 그리는 식이다. 이러한 시스템에서는 인간의 역동적인 행위(제스처)가 AI의 창작 행위로 전환되어, 마치 화가와 조수처럼 인간과 AI가 함께한 그림이 탄생한다. 이처럼 로봇 화가와 제스처 기반 회화 기술은 기존에 인간만이 누리던 표현 수단을 기계에도 부여함으로써, 예술 표현의 영역을 넓히고 있다.

AI 연주자와 작곡가의 등장

미술 못지않게 음악 분야에서도 피지컬 AI의 활약이 두드러진다. 조지아 공대에서 개발된 마림바 연주 로봇 '시몬'은 이러한 변화의 상징적인 사례다. 시몬은 네 개의 로봇 팔로 마림바를 연주하는데, 5,000곡 이상의 음악과 200만 개 이상의 음악 모티프를 머신 러닝으로 학습해 즉흥 연주와 다양한 스타일의 융합까지 해내는 능력을 보여 주었다. 연구 팀은 시몬에게 방대한 악곡 데이터를 학습시킨 후 몇 마디의 짧은 선율을 주었고, 시몬은 이를 바탕으로 30초 분량의 새로운 곡 두 개를 스스로 작곡 및 연주해 냈다. 재즈와 클래식을 넘나드는 듯한 이 음악은 AI가 창작한 최초의 자율 작곡 연주로 소개되었다. 시몬은 또한 로봇 머리에 단 카메라로 인간 연주자와 주고받는 신호를 인식해 사람과 합주할 수 있으며, 최근에는 노래 가사까지 쓰고 부르는 '로봇 싱어송라이터'로 진화했다는 보도도 나왔다.

시몬의 사례가 AI 작곡가 겸 연주자를 보여 준다면, 2013년 일본에서 결성된 로봇 밴드 '지-머신즈(Z-Machines)'는 인간을 뛰어넘는 연주 기량으로 화제가 되었다. 이 3인조 로봇 밴드의 기타리스트 로봇은 무려 78개의 손가락을 가지고 있고, 드러머 로봇은 팔이 22개나 된다. 영국의 전자 음악가 스퀘어푸셔(Squarepusher, 본명 Tom Jenkinson)는 이들에게 인간이 연주 불가능한 곡을 작곡해 주었고, 결과적으로 로봇들만으로 연주한 5곡짜리 앨범 〈로봇을 위한 음악(Music for Robots)〉(2014)이 탄생했다. "익숙한 악기를 이제까지 불가능했던 방식으로 연주했다"는 작곡자의 말처럼, 로봇 기타는 인간보다 훨씬 빠른 속주로 복잡한 리프를 구현했고, 로봇 드러머는 초인적인 박자로 연주를 펼쳤다. 물론 로봇 연주만의 한계도 있었다고 한다. 예컨대 로봇 기타는 속도는 월등하지만 현을 튕기는 강약 조절(음량 표현)은 어려웠고, 이러한 기계적 특징에 맞춰 새로운 작곡 기법을 모색해야 했다. 그럼에도 지-머신즈 프로젝트는 피지컬 AI 음악가들이 인간의 신체 한계를 넘어 어떤 소리를 낼 수 있는지를 극적으로 보여 주었다. 이외에도 로봇 연주자들은 다양한 형태로 등장하고 있다. 한국에서는 작곡가 이돈응이 개발한 드럼 연주 로봇 '드로봇(dRobot)'이 2017년 처음 무대에 올랐다. 드로봇은 실제 드럼 세트를 두 팔로 연주하는 로봇으로, 작곡가가 이를 위한 곡을 쓰고, 인간 연주자들과 앙상블을 이뤄 공연하기도 했다. 또한 기계식 자동 연주 장치와 AI 작곡 알고리즘의 결합도 이뤄지고 있다. 예를 들어 AI가 자율적으로 작곡한 피아노곡을 자동 피아노(플레이어 피아노)가 현장에서 바로 연주하거나, AI가 만든 관현악곡을 로봇 지휘자가 지휘해 기계 오케스트라가 연주하는 시도도 등장했다. 이런 사례들은 창작(작곡)부터 연주까지의 음악 생산 과정에 AI와 로봇이 깊숙이 참여하고 있음을 보여 준다. 이제 무대 위에서는 인간 연주자 옆에서 로봇 팔이 드럼을 치고, 알고리즘이 쓴 멜로디를 로봇이 연주하는 풍경이 더 이상 SF가 아니다.

인간과 AI의 공동 창작의 의미

피지컬 AI의 참여로 인간과 AI가 함께 예술을 창작하는 일이 가능해지면서 예술의 본질에 대한 새로운 성찰이 이뤄지고 있다. 이제껏 창의성은 인간만의 영역으로 여겨졌으나, AI도 일정 수준의 창의적 산출물을 내놓게 되자 "창작이란 무엇인가"라는 철학적 질문이 부상했다. 로봇 예술가 아이다의 등장은 예술가의 정의와 예술 작품의 범위를 다시 묻는 계기가 되었다. 우리가 아이다의 그림을 감상하며 느끼는 미적 감흥은 과연 로봇의 창의성에서 온 것인가, 아니면 그 뒤에 있는 인간 개발자의 창의성인 것인가? 또한 관객과 소통하고 질문에 답변까지 하는 아이다를 보며, 의도(intent)와 자율성이 예술 창작에 얼마나 중요한 조건인지를 재고하게 만들었다. 현재로서는 로봇이 진정한 예술가인지 또는 로봇이 만든 그림이 진정한 예술인지 누구도 단정 짓기 어렵다. 다만 분명한 것은, 이러한 인간-기계 협업의 작품들이 현대 예술에 중요한 사건이 되었고, 우리 모두에게 창작의 본질에 대한 깊은 생각거리를 던지고 있다는 점이다.

철학적으로 볼 때 인간과 AI의 공동 창작은 주체와 도구의 경계가 흐려지는 과정으로도 해석된다. 전통적으로 예술 작품은 인간 예술가의 정신과 손끝에서 탄생했지만, 이제는 AI 알고리즘이 아이디어 생성에 기여하고, 로봇 기계가 팔과 손가락 역할을 수행한다. 이는 과거 사진기나 악기 같은 도구의 활용과는 차원이 다르다. AI는 단순한 도구가 아니라 어느 정도 자율적 판단과 생성 능력을 지닌 협업자에 가깝기 때문이다. 예술가들은 AI와 상호작용하며 새로운 발상과 표현을 얻기도 하고, AI의 우연한 산출에서 영감을 받기도 한다. 이렇게 탄생한 작품들은 기존과 다른 미학적 가치를 지닐 수 있다. 가령, 인간 작가가 미처 생각지 못한 예측 불가능한 구성이나 형태가 나타나거나, 앞서 언급한 로봇 밴드처럼 인간의 물리적 한계를 넘어 구현된 음악이 주는 경이로움이 있다. 이처럼 AI와의 협업은 예술가에게 새로운 모티프와 표현 기법을 제공하고, 결과적으로 창작 세계를 확장하는 역할을 한다. 물론 창작의 주체성에 대한 논의도 이어진다. 예술적 의도와 해석의 측면에서, AI가 만들어 낸 결과물이 의미를 가지려면 인간의 해석이 필요하다는 주장도 있다. AI는 데이터와 알고리즘으로부터 패턴을 만들어 낼 뿐 그 자체로 감정이나 철학을 갖지 못한다는 점에서, 예술 작품에 영혼을 불어넣는 것은 결국 인간이라는 시각이다. 반면, 예술의 프로세스 자체에 주목하는 견해도 있다. 창작 행위에 여러 주체(인간과 AI)가 관여함으로써 오히려 예술의 집단적·대화적 성격이 강화된다는 것이다. 특히 현대 예술에서는 작가, 작품, 관객의 경계가 허물어지고 상호 작용하는 경향이 강해지고 있는데, AI는 그 대화에 참여하는 또 다른 존재로 기능할 수 있다. 실제로 일부 예술가들은 작품에 관객의 참여와 AI의 실시간 반응을 결합해, 끝없이 변주되는 예술을 선보이기도 한다. 이런 경우, 관객은 단순한 감상자가 아니라 AI와 함께 작품을 만들어 가는 경험을 하게 되며, 예술의 의미도 경험의 과정에 가까워진다.

AI 창작이 바꾸는 예술 감상 경험

피지컬 AI가 창작자로 나서면서 예술 수용자의 경험도 미묘하게 변화하고 있다. 한편으로 관객들은 전례 없는 광경에 흥미를 느낀다. 눈앞에서 로봇 팔이 화폭에 색을 칠하고, 금속 보디의 연주자가 드럼을 두들기는 모습은 공연 자체가 하나의 볼거리다. 이러한 신기술 퍼포먼스는 관객에게 놀라움과 호기심을 불러일으키며, 예술 작품 외에 창작 행위 그 자체를 감상하도록 만든다. 예를 들어 로봇 화가의 움직임을 지켜보는 관객은, 그림 결과

물뿐 아니라 그려지는 과정의 역동성까지 함께 경험한다. 음악 공연에서도 인간 연주자와 로봇 연주자가 주고받는 즉흥 연주는 일종의 즉석 실험을 관찰하는 즐거움을 준다. 피지컬 AI 예술은 관객에게 기술과 예술의 융합 현장을 체험하게 함으로써, 기존 예술 감상과는 다른 차원의 몰입감을 선사한다는 평가가 있다.

동시에, AI 작품에 대한 정서적 반응은 인간 창작물에 대한 것과 차이를 보이기도 한다. 최근 설문 조사 결과를 보면, 다수의 사람들이 AI가 만든 예술보다 인간이 만든 예술에서 더 큰 감동과 가치를 느낀다고 답했다. 예를 들어 예술 작품이 주는 감동에 대해 64%의 응답자는 "인간의 작품이 더 뛰어나다"라고 했지만 "AI 작품이 더 감동적이다"라는 답은 7%에 불과했다. 작품의 독창성 면에서도 인간 작품의 우세(58%)가 AI 우세(12%)보다 훨씬 높게 나타났다. 이는 많은 관람자가 AI 창작물에 대해 선입견이나 심리적 거리감을 가지고 있음을 시사한다. 실제로 어떤 그림을 볼 때, AI가 그린 것임을 알리기 전후에 감상 평점이 떨어지는 현상도 실험으로 확인되었다. 즉, 작품 자체만 볼 때는 높이 평가하다가도 그것이 AI의 솜씨라는 걸 알게 되면 감동이나 작품성 점수가 유의미하게 하락하는 것이다. 이러한 반응은 예술에서 "인간적 감성"을 중시하는 전통적 관점과 연결된다. 사람들은 예술 작품을 대할 때 그 뒤에 있을 창작자의 경험, 감정, 철학을 읽어 내려는 경향이 있는데, AI에 대해서는 그런 맥락을 찾기 어렵다고 느끼는 것이다. 그럼에도 새로운 세대의 관객이나 기술 친화적인 사람들은 AI 예술의 장점을 즐기기도 한다. AI 덕분에 가능한 실시간 인터랙티브 아트나 개인 맞춤형 예술 경험이 그 예다. 예를 들어 관객이 어떤 반응을 보이면 AI 화가 로봇이 즉석에서 그림 스타일을 바꾸거나, AI 음악 시스템이 관객의 표정 · 심박수를 분석해 분위기에 맞는 음악을 생성하는 전시가 이미 시도되고 있다. 이런 체험에서 관객은 작품의 일부가 되어 적극 참여하며, 예술과 자신이 쌍방향으로 연결된 특별한 감정을 느낄 수 있다. 또한 AI를 활용하면 관객 각자의 취향이나 상황에 맞게 예술 콘텐츠를 조정할 수도 있기 때문에, 맞춤형 공연, 개인화된 전시 같은 새로운 형태의 감상 서비스도 등장하고 있다. 이처럼 피지컬 AI 창작은 전통적인 감상 방식에 도전하면서, 한편으로는 기술이 매개된 새로운 감수성을 끌어내고 있는 것이다.

예술계와 기술계의 담론

예술계와 기술계에서는 피지컬 AI가 가져온 변화에 대해 열띤 논의가 이뤄지고 있다. 예술계 일각에서는 AI 예술에 대한 반발도 있다. "기계가 창작한 것은 예술이 아니다"라거나 "AI는 어디까지나 도구일 뿐"이라는 주장이 그것이다. 이런 견해를 가진 이들은 예술을 인간 정신의 산물로 보기에, 알고리즘과 데이터로 생성된 결과물은 창작자가 없는 모방품이나 우연의 산출에 가깝다고 본다. 특히 인간 예술가들은 AI의 발전이 자신의 창작 영역을 침해하거나 예술가의 존재 의미를 퇴색시킬까 우려하기도 한다. 실제로 2018년 뉴욕 크리스티 경매에서 AI가 그린 초상화가 고가에 팔리자, 이를 두고 예술의 종말을 예고하는 사건이라는 극단적 평가부터 그림을 그린 AI가 아니라 AI를 만든 사람이 진정한 예술가라는 지적까지 다양한 반응이 쏟아졌다.

반대로 기술계와 일부 예술가들은 AI와 예술의 시너지를 강조한다. 그들은 AI를 새로운 예술적 도구 겸 동료로 수용하자는 입장이다. AI가 인간에게 없는 방대한 기억력과 계산력, 패턴 분석 능력으로 창작을 도울 수 있으며, 인간은 거기서 영감을 얻고 더 높은 차원의 창의성에 도전할 수 있다는 것이다. 예술 발전사는 항상 새로운 기술의 도입과 함께 이뤄져 왔다는 점도 인용된다. 카메라의 등장으로 회화의 목적이 바뀌고, 전자 음향 기술로 음악의 영역이 넓어진 것처럼, AI 역시 예술의 지평을 확장할 도구라는 견해다. 실제로 2024년 11월~2025년 6월 동안 영국 테이트 모던에서 열린 전시 '일렉트릭 드림스(Electric Dreams. Art and Technology Before the Internet)'에서는 AI를 도구를 넘어 창작자이자 분석자, 감성 교류의 촉진자로 위치 짓고, 생성형 AI와 추론형 AI, 그리고 피지컬 AI가 모두 결합된 융합 예술을 선보였다. 이 전시처럼 예술계 일부에서는 AI를 적극 활용해 이전에 없던 형태의 작품을 만들고, 인간과 기계의 공존 가능성을 실험하고 있다.

참고문헌

권희춘(2025.4.30). 디지털과 현실을 잇는 미래의 열쇠, 피지컬 AI. 미래경제뉴스, https://www.mirae.news/news/articleView.html?idxno=7870

여현덕(2025.3.27). 인공지능은 반(反)예술인가? 그 안티테제와 신테제. 《매일경제》, https://www.mk.co.kr/news/it/11271906

오픈갤러리 아트매거진(2024.5.3). 창조의 새로운 화폭: 인공지능과 예술가의 만남,

https://www.opengallery.co.kr/art-readings/197/
이동한(2023.6.13). 생성형 인공지능 사용 경험 및 예술분야에서의 활용 전망. 한국리서치. 여론속의여론, https://hrcopinion.co.kr/archives/26841
이은준(2025.1.2). AI와 로봇이 예술을 위협한다? 라디오코리아뉴스, https://www.radiokorea.com/news/article.php?uid=460410
Hislop, M.(2017.6.20). Shimon the musical robot jams with a human marimba player at moogfest. *designboom,* https://www.designboom.com/technology/shimon-robot-moogfest-06-19-2017/
Webster, A.(2014.2.17). This robot band has a guitarist with 78 fingers (and a drummer with 22 arms). *The Verge,* https://www.theverge.com/2014/2/16/5416482/z-machines-robot-band

05
의료와 헬스케어를 위한 피지컬 AI

의료 현장은 오늘날 피지컬 AI의 실제 무대가 되고 있다. 수술 로봇, 재활 웨어러블, 병원 서비스 로봇, 간병 기기 등은 AI와 로봇 기술이 결합된 대표 사례로, 인간의 한계를 보완하며 의료의 질을 향상하고 있다. 고령화, 만성 질환, 의료 인력 부족 같은 구조적 문제 해결에도 핵심 해법으로 부상 중이다. 앞으로 자율성과 학습 능력이 강화된 로봇, 인간과의 협업 심화, 연질 · 나노 기술 기반 기기, 기술 보편화가 이뤄지며 피지컬 AI는 의료의 미래를 새롭게 열어 갈 것이다.

AI 콘텐츠 크리에이터?

의료 현장에서의 피지컬 AI 적용 사례

피지컬 AI는 이미 의료와 헬스케어 현장에서 구체적으로 활용되며 새로운 경험과 변화를 만들어 내고 있다. 이 장에서는 수술, 재활, 돌봄, 병원 운영 등 분야별 피지컬 AI의 대표적 적용 사례를 살펴본다. 의료 분야에서 가장 주목받는 피지컬 AI 사례로 AI 기반 수술 로봇을 들 수 있다. 대표적으로 널리 사용 중인 다빈치 로봇 수술 시스템(da Vinci Surgical System)은 정밀 제어되는 로봇 팔을 통해 복강경 수술 등에서 탁월한 정확성을 보여 준다. 여기에 AI 기술이 접목되면서 수술 로봇은 더욱 발전하고 있다. AI 알고리즘이 수술 계획 수립이나 로봇 팔의 미세한 떨림 보정 등에 활용되어 수술의 정밀도를 높이고 침습 정도를 최소화한다. 그 결과 환자의 회복 속도가 빨라지고, 입원 기간이 단축되는 성과가 나타나고 있다. 예컨대 AI 수술 보조 시스템은 사람의 한계를 넘어선 미세 조작을 가능케 해, 기존보다 합병증을 줄이고 회복률을 높이는 혁신적 결과를 보여 준다. 또한 AI 로봇은 숙련된 의사의 또 다른 손과 눈이 되어 정확한 진단과 처치를 지원한다. 수술실 밖에서는 AI가 장착된 진단 장비들이 활약 중인데, 예를 들어 AI 영상 분석 소프트웨어와 로봇 기술이 결합된 시스템은 MRI나 CT 촬영을 자동으로 수행하고 판독까지 도와주기도 한다. 나아가 의료 AI가 축적한 지식을 토대로 수술 중 실시간으로 최적의 조치 방향을 제안하는 일도 가능해지고 있다. 이러한 피지컬 AI 수술 및 진단 기술은 사람의 실수나 편차를 최소화하고, 의료 서비스의 질을 끌어올려 준다. 실제로 AI 수술 로봇 시스템의 도입으로 수술 오차와 의료 사고율 감소가 보고되고 있으며, 의사들도 보다 복잡한 수술에 집중할 여유를 얻고 있다. 흥미로운 미래 기술로는 마이크로 로봇과 나노 기술을 활용한 피지컬 AI가 있다. 과거 SF에서나 가능했던 초소형 의료 로봇이 현실화되어, 혈관 속을 떠다니며 세포 단위로 질병을 진단 · 치료하는 시도가 진행 중이다. 예컨대 머리카락 굵기만 한 로봇을 주사로 주입해 종양을 찾아 제거하거나, 혈전 부위를 뚫는 등의 연구가 실현된다면, 몸을 절개하지 않고도 병을 치료하는 획기적인 맞춤형 치료가 가능해질 것이다. 아직 초기 단계지만 AI로 제어되는 마이크로 로봇은 부작용을 최소화하면서 정밀 의료를 구현할 잠재력으로 의료진과 연구자들의 기대를 모으고 있다. 이러한 기술들은 앞으로 의료 패러다임 자체를 바꾸는 게임 체인저가 될 수 있다. 즉, 피지컬 AI는 수술실의 큰 로봇부터 인체 속의 작은 로봇까지 다양한 형태로 의료 진단과 치료의 지평을 넓혀 주고 있다.

환자들의 재활 치료와 일상생활 보조 분야에서도 피지컬 AI가 활약하고 있다. 특히 웨어러블 로봇, 즉 외골격(exoskeleton) 기술은 하반신 마비 환자나 거동이 불편한 노약자의 보행을 도와주는 혁신적 도구다. 이러한 재활 로봇은 AI를 통해 환자의 보행 패턴과 근력 정보를 실시간 분석하면서 상황에 맞게 모터 힘을 조절해 준다. 예를 들어 하지 마비 환자가 웨어러블 로봇을 입고 서서 걸음마 연습을 할 때, AI가 환자의 미세한 움직임 신호를 파악해 다리에 가해지는 힘을 적절히 보정한다. 이를 통해 환자는 혼자 힘으로는 불가능했던 동작을 수행하며 근육과 신경을 훈련할 수 있고, 치료사는 한층 정밀한 재활 계획을 세울 수 있게 된다. 실제 사례로, 국내 재활 병원들에서 보행 재활 로봇을 도입한 결과, 여러 명의 환자를 동시에 훈련시키면서도 환자별 데이터를 AI가 분석해 맞춤형 운동을 제공하고 있다. 그 결과 치료 효율이 높아졌을 뿐만 아니라, 환자들의 균형 감각과 근력이 향상되고 낙상 위험이 감소하는 등의 임상적 개선이 보고되고 있다.

병원 환경에서도 피지컬 AI는 의료 인력을 보조하고 반복 업무를 자동화하며 새로운 운영 방식을 만들어 가고 있다. 대표적인 예로 병원 내 자율주행 서비스 로봇들을 들 수 있다. 한림대성심병원의 사례를 보면, 이 병원은 안내 로봇, 물품 배송 로봇, 방역 로봇, 원격 협진 로봇, 홈 케어 로봇 등 5종의 로봇을 도입해 운용 중이다. 안내 로봇은 병원 로비에서 대기하다가 접수 직원이 목적지를 입력하면 환자와 보호자를 병실이나 검사실까지 앞장서서 안내해 준다. 도입 후 1년간 700건이 넘는 안내 업무를 수행했는데, 이전에는 인력 부족으로 상상하기 어려웠던 맞춤 환자 동행 서비스가 로봇 덕분에 실현된 것이다. 배송 로봇은 병동 간호사실과 약국, 검사실 등을 오가며 약품이나 검체, 리넨, 식사 식판까지 나르는 잡무를 맡고 있다. 이 로봇들은 승강기도 스스로 타고 층간 이동이 가능한데, 사람들과 같은 엘리베이터를 써도 크게 불편을 주지 않도록 혼잡 시간을 피해 주로 야간에 이동하도록 운영되고 있다. 처음엔 "로봇이 승강기를 못 타면 어쩌나" 우려했지만, 막상 도입 후 보니 사람들이 먼저 엘리베이터 버튼을 눌러 로봇을 태워줄 만큼 친숙하게 받아들였다고 한다. 이렇듯 피지컬 AI를 활용한 스마트 병원은 의료 인력이 부족한 문제를 보완하고, 의료진이 보다 전문적인 업무에 집중할 시간을 벌어 준다. 현재까지 환자와 직원들의 만족도도 대체로 높아, 로봇이 가져온 작은 변화들이 병원의 서비스 품질을 한 단계 올렸다는 평가다. 물론 로봇 도입 비용, 기존 시스템과의 연동, 직원 교육 등의 현실적인 과제도 있지만, 많은 병원에서 시험 도입을 거쳐 점차 AI 자율 로봇을 상시 배치하는 방향으로 나아가고 있다. 사람과 로봇이 공존하는 병원은 이제 미래가 아닌 현재 진행형인 변화가 되었다.

돌봄 및 의료 문제 해결에서의 역할

피지컬 AI의 등장은 특히 현대 사회가 직면한 몇 가지 중요한 의료 현안들을 해결할 실마리를 제공하고 있다. 고령화, 만성 질환의 증가, 그리고 의료 인력 부족이라는 세 가지 과제 측면에서 그 역할을 살펴보자. 우선 고령 인구 비율이 높아지면서 일상생활을 지원하고 건강을 관리해 줄 인력이 턱없이 부족한 상황이다. 피지컬 AI는 노인의 자립 생활과 안전을 도와주는 기술로서 이 문제에 대응한다. 앞서 언급한 돌봄 로봇, AI 스피커, 반려 로봇 등이 대표적이다. 이러한 기술은 낮에는 복약 · 운동을 챙겨 주고 밤에는 안부를 확인해 주며, 응급 시 자동으로 신고까지 해 준다. 이로써 부양가족이나 요양 보호사의 부담을 덜어 주고, 혼자 사는 어르신에게도 사회와 연결된 안전망 속에 있다는 안도감을 제공한다. 간병 로봇은 거동이 힘든 노인을 부축하거나 휠체어 이동을 돕고, AI 인형은 정서적 교감을 주어 우울감과 치매 진행을 늦추는 효과도 기대된다. 결국 피지컬 AI는 적은 사람으로 더 많은 노인을 케어할 수 있게 해 주어 초고령화 시대의 돌봄 공백을 메우는 데 핵심적인 역할을 하고 있다.

둘째로 만성 질환 관리와 예방 의료에 대한 지원이다. 당뇨병, 고혈압, 심부전 같은 만성 질환 환자들은 지속적인 모니터링과 생활 관리가 중요한데, 현실적으로 의료진이 일일이 붙어 있을 수 없다. 피지컬 AI 디바이스들은 이러한 틈을 채워 준다. 예를 들어 AI 기반 연속 혈당 측정기와 인슐린 펌프를 연결하면, 환자의 혈당 변화를 실시간 분석해 필요한 만큼 자동으로 인슐린을 주입하는 인공 췌장 시스템이 된다. 이는 환자 스스로 놓치는 경우가 잦던 혈당 관리에 획기적인 변화를 가져와 응급 합병증 발생률을 감소시킨다. 또 AI 심전도 패치나 스마트 워치는 부정맥이나 심정지 전조를 알아채면 즉시 경고를 보내고, 필요시 원격으로 의사와 통화 연결까지 해 준다. 천식 환자를 위한 AI 흡입기는 사용 패턴과 공기 질 데이터를 분석해 발작 가능성을 예측하고, 약물을 사전에 조정하기도 한다. 이러한 피지컬 AI 설루션들은 질병의 악화를 예방하고, 응급 상황을 미연에 방지함으로써 만성 질환 관리의 수준을 높여 준다. 더 나아가 축적된 데이터로 맞춤 의약품 투여나 생활 지침을 제안해 개개인의 건강 수명을 늘리는 데 기여한다. 결국 만성 질환 관리는 병원 진료실 중심에서 일상생활 공간 중심으로 전환되고 있으며, 피지컬 AI가 그 전환을 촉진하고 있다.

세 번째로 의료 인력 부족과 서비스 격차 해소에 대한 도움을 준다. 전 세계적으로 의사 · 간호사 등 의료 인력 부족이 심각하며, 특히 지역 간 의료 격차도 문제다. 피지컬 AI는 의료진의 능력을 증폭시키고, 효율을 높여 주는 파트너로 기능함으로써 이 어려움을 푸는 데 도움을 준다. 병원에서 잡무를 도맡는 서비스 로봇들은 한 명의 간호사가 해야 할 일을 나누어 맡아 주어, 마치 의료진이 분신을 얻은 듯한 효과를 낸다. 전문의가 부족한 시골 병원에서 원격 조종 수술 로봇을 설치해 두면, 도시의 전문의가 로봇을 통해 수술을 집도해 지역 간 의료 서비스 격차를 완화할 수 있다. AI 응급 의료 드론은 험지나 도서 지역에 응급 키트를 신속 배송하고, 원격 지도를 연결해 골든타임 내 처치를 가능케 한다. 이렇듯 피지컬 AI는 한정된 의료진으로 더 넓은 범위의 환자에게 서비스를 제공할 수 있게 해 주므로, 인력 부족 문제와 지역 편차 문제를 완화하는 효과가 있다. 나아가 향후 휴머노이드 의사 로봇이나 AI 간호사 어시스턴트가 등장한다면, 기초 진료나 돌봄 분야에서 상당 부분 인력을 대체하거나 보완해 더 저렴하고 접근성 높은 의료를 실현할 가능성도 배제할 수 없다. 중요한 것은 피지컬 AI가 "의료 인력 대체"가 아니라 "의료 인력 보완"의 개념으로 접근될 때, 환자에게도 의료진에게도 모두 윈윈이 된다는 점이다. 종합하면, 피지컬 AI는 고령화 대응, 만성 질환 관리 개선, 의료 인력 효율화라는 사회적 난제를 해결하는 유망한 해법들을 제공하고 있다. 이를 통해 보다 지속 가능하고 모두에게 접근 가능한 의료 시스템 구축에 기여하는 것이 궁극적인 기대 효과다.

의료와 헬스케어 피지컬 AI의 발전 방향

이제 막 걸음마를 시작한 피지컬 AI 시대는 앞으로 더욱 빠른 속도로 성장하며, 의료와 헬스케어의 지형을 크게 바꿔 놓을 것으로 전망된다. 몇 가지 중요한 미래 발전 방향을 예측해 보면 다음과 같다.

첫째, 더욱 고도화된 자율성과 학습 능력이다. 현재의 의료 로봇들은 대개 사람이 프로그래밍한 범위 내에서 자율적으로 움직이지만, 미래에는 스스로 학습해 새로운 상황에 적응하는 진정한 자율형 AI 로봇이 등장할 것이다. 예를 들어 수술 로봇이 수만 건의 수술 영상을 보고 새로운 기술을 스스로 터득하거나, 간호 로봇이 수년치 간호 기록을 학습해 상황별 최적의 대응을 바로 익히는 식이다. 이미 생성형 AI를 활용해 로봇에게 작업을 가르치는 연구가 진행 중인데, 사람이 일일이 코딩하지 않아도 로봇이 시연 동작을 보고 따라 배우는 기술이 개발되고 있다. 이는 로봇 학습 기간을 획기적으로 단축해 줄 것이며, 의료 현장에 필요한 새로운 작업(예를 들어 신종 질병 대응 프로토콜 등)이 생겼을 때 로봇이 금방 습득해 대응할 수 있게 해 줄 것이다. 또한 강화 학습과 생물 모방형 AI의 발전으로 로봇이 예측 못 한 돌발 상황에도 인간처럼 유연하게 대처하는 능력을 갖추게 될 전망이다. 이러한 고도화된 지능형 물리 시스템들은 의료 현장에서 인간의 감독하에 더 큰 역할을 수행할 것이다. 둘째, 인간과 로봇의 협업 심화다. 미래 의료는 휴먼 케어(human care)와 로보틱스 케어(robotics care)의 경계가 허물어지는 방향으로 갈 것이다. 환자 곁에는 항상 인간 의료진과 AI 로봇이 팀을 이뤄 다각적인 돌봄을 제공할 수 있다. 예를 들어 응급실에 도착한 환자를 AI 트리아지(triage) 로봇이 초기에 분류하고 검사를 시작하면, 이어서 사람이 진단과 의사 결정을 하고, 다시 로봇이 처치를 보조하는 식의 유기적 역할 분담이 가능하다. 수술실에서도 로봇이 제2의 집도의로 참여해 인간 집도의의 손 떨림을 보정해 주고 시야 밖 정보를 알려 주며, 나아가 두 대 이상의 로봇이 협업해 하나의 수술을 동시에 진행하는 모습도 볼 수 있을 것이다. 이러한 인간-로봇 협업이 원활하게 되려면 인터페이스의 발전도 중요하다. 음성 명령이나 동작 인식 등을 통해 의사가 자연어로 로봇 여러 대를 동시에 지휘하거나, 뇌파 등을 통해 의도를 바로 로봇에 전달하는 브레인-머신 인터페이스의 진화도 기대된다. 협업이 깊어질수록 의료진 한 명이 여러 로봇을 거느린 "분신 군단"을 데리고 일하는 형태가 되어, 소수 정예의 의료진으로도 현재보다 훨씬 많은 환자를 돌볼 수 있을 것이다. 셋째, 새로운 형태의 의료 AI 기기 출현이다. 향후에는 상상하지 못했던 새로운 피지컬 AI 기기들이 속속 등장할 것이다. 예를 들어, 연질 소재를 활용한 소프트 로봇 기술이 발전하면 사람과 접촉해도 안전한 부드러운 간호 로봇이 나와 환자를 마사지하거나 욕창 부위를 케어해 줄 수 있다. 나노 기술과 결합한 AI 센서는 몸속 혈류를 떠돌며 실시간 건강 데이터를 전송해 주고, 필요시 약물을 싣고 표적 장기에 직접 주입하는 역할도 할 것이다. 스마트 의수(義手) · 의족 분야에서도

AI가 장애인의 의도대로 즉각 반응하는 신경 제어 로봇 의지(義肢)가 보편화되어, 신체적 한계를 뛰어넘는 사례들이 늘어날 전망이다. 이미 뇌 신호를 해석해 로봇 팔을 움직이는 기술이 개발되었는데, 여기에 AI의 학습 능력이 더해지면 사용자의 의도를 점점 더 정확히 파악하고, 미리 동작을 보완해 주는 진화형 보조 장치가 될 수 있다. 또한 증강현실(AR)과 혼합현실(MR) 기술이 발전하면, 수술실에서는 의사가 AR 안경을 통해 환자 몸 안의 3D 정보를 실시간으로 보며 수술하고, 옆에서는 로봇이 AI로 보정된 그 AR 정보를 함께 공유하며 협업하는 광경도 가능해진다. 즉 가상과 현실, 디지털과 물리가 실시간으로 융합되는 의료 환경이 펼쳐지는 것이다. 넷째, 기술 표준화와 보편화로 인한 비용 절감이다. 현재는 최첨단 기술이라 비용이 높지만, 시간이 갈수록 피지컬 AI 구성 요소들이 표준화되고 대중화되어 가격 장벽이 낮아질 것이다. 자율주행차 기술의 경쟁이 로봇 기술 발전을 가속하고 있으며, 배터리 성능 향상과 AI 칩 발전으로 더 작고 저렴한 의료 로봇들이 나올 것이다.

결국 기술이 인간성을 위협하는 존재가 아니라 인간성을 보완하고 증진하는 방향으로 발전한다면, 우리는 피지컬 AI와 더불어 더 건강하고 풍요로운 의료 경험을 누리게 될 것이다.

참고문헌

김승훈(2025.1.10). AI 결합 수술 로봇, 수술실에 의사 없어도 24시간 언제든 빠르고 정확하게. 테크월드, https://www.epnc.co.kr/news/articleView.html?idxno=311106

김양균(2023.3.8). 잡무는 로봇이 척척… '시간 벌어 의료진은 환자에 더 집중해야죠'. *ZDNet Korea*, https://zdnet.co.kr/view/?no=20230308185900

여현덕(2025.2.20). 매혹적인 '피지컬 AI' 여성에 푹 빠진 남성 [AI와 함께하는 세상]. 《매일경제》, https://www.mk.co.kr/news/it/11244542

이지원(2025.3.19). AI·로봇·웨어러블 기술 접목한 '보행 재활'의 미래, KIMES 2025 총출동. 메디게이트뉴스, https://medigatenews.com/news/2495369678

최선(2024.10.4). 식판 배달까지 척척… 로봇이 일하는 미래 병원 모습은?. 메디칼타임즈, https://medicaltimes.com/Users/News/NewsView.html?ID=1160738

현기호(2025.5.8). AI 기반 '스마트 돌봄 로봇' 기술 어디까지 왔나. 이코리아, https://www.ekoreanews.co.kr/news/articleView.html?idxno=79289

Dcle(2024.8.5). AI가 바꾸는 스마트 의료 혁명, 미래의 건강 관리 시스템. *iStaging Asia*, https://istagingasia.com/2377

Emjay(2025.2.27). "피지컬(Physical) AI 개념/특징/글로벌

기업/국내 기업/유망 기업 (feat. 엔비디아)". *Overtaking*, https://overtaking.tistory.com/entry/피지컬Physical-AI-개념특징글로벌-기업국내-기업유망-기업

Knutsson, K.(2025.6.4). AI robots help nurses beat burnout and transform hospital care. *Fox News*, https://www.foxnews.com/tech/ai-robots-help-nurses-beat-burnout-transform-hospital-care

06
교육에 활용되는 피지컬 AI

피지컬 AI는 교육 현장에 실물 기반의 상호작용을 도입하며 학습 방식에 혁신을 불러오고 있다. 로봇 튜터나 AI 키트 등은 학생들에게 정서적 교감과 즉각적인 피드백을 제공하며, 교사는 이를 활용해 개인 맞춤형 지도를 할 수 있다. 또한 학생이 직접 조립하고 코딩하는 활동은 추상 개념을 현실 문제 해결로 연결해 창의력과 협업 능력을 향상한다. 이처럼 피지컬 AI는 기존 디지털 교육의 한계를 넘어 학습자의 몰입도와 주도성을 높이는 새로운 교육 패러다임으로 주목받고 있다.

AI와 민주주의?

교육 분야에서의 피지컬 AI 활용

피지컬 AI의 등장은 교육 현장에도 새로운 바람을 불러일으키고 있다. 기존에는 E-러닝이나 교육용 소프트웨어 등 디지털 기반 교육 도구가 중심이었다면, 이제는 실물 로봇과 스마트 기기, 사물인터넷(IoT) 센서 등을 활용한 AI 학습 도구들이 학교와 교육 프로그램에 도입되고 있다. 이러한 피지컬 AI는 크게 두 가지 방식으로 교육에 적용되고 있다. 첫째는 교사나 학습 도우미 역할로서의 AI 로봇이고, 둘째는 학생들이 직접 체험하고 만드는 학습 도구로서의 물리 컴퓨팅과 AI다.

우선 AI 로봇이 선생님이나 튜터 역할을 하는 사례들이 전 세계에서 등장하고 있다. 가령 서울시 교육청은 2024년부터 일부 초중학교에서 영어 회화 연습을 돕는 AI 로봇 튜터를 시범 도입할 계획이다. 이 로봇은 식당 안내 로봇과 비슷한 외형을 지녔으며, 학생과 일대일로 영어로 대화하면서 맞춤형 회화 연습을 제공한다. 학생들은 사람이 아닌 로봇과 대화하지만, 로봇이 자연스러운 음성 대화와 질의응답을 통해 마치 개인 교사처럼 대화를 이어가므로 회화 실력이 향상되는 데 도움을 받을 수 있다. 이러한 시도는 학생들이 긴장감 없이 편하게 영어를 말해 볼 수 있는 환경을 만들어 주어 말하기 자신감을 높이고, 교사들은 로봇을 보조 교사로 활용해 수업을 차별화할 수 있다는 기대를 모은다. 이처럼 교실에서 함께 생활하는 AI 로봇은 외국어뿐 아니라 여러 교과에서 활용될 수 있다. 세계 여러 나라에서는 키 작은 휴머노이드 교사 로봇이 유치원이나 초등학교에서 아이들과 노래하고 대화하며 사회성 발달을 돕거나, 특수 교육 현장에서 자폐 스펙트럼 아동의 언어 및 정서 발달을 지원하는 실험들이 이뤄져 왔다. 실제로 프랑스에서 개발된 휴머노이드 로봇 NAO(나오)를 활용한 연구에서는, 자폐 아동들이 교실에서 로봇과 그룹 학습을 할 때 집중력과 참여도가 높아지는 긍정적 효과가 관찰되었다는 보고도 있다. 아이들은 로봇을 또래 친구처럼 여기며 반응하기 때문에 학습 몰입도와 동기가 향상되는 것으로 분석된다. 이러한 소셜 로봇(social robot)은 정서적인 교감과 피드백을 제공할 수 있다는 점에서, 단순한 교육 소프트웨어와 다른 교육적 가치를 갖는다. 예를 들어 로봇이 미소를 지으며 격려하거나 고개를 끄덕이는 비언어적 신호만으로도 학생들에게 정서적 안정감을 주어 학습 참여를 높일 수 있다. 연구에 따르면 실제로 눈앞에 존재하는 로봇 교사는 화면 속 가상 교사에 비해 상호작용의 몰입감과 즉시성이 크고, 사회적 상호작용을 촉진해 학습 효과를 높일 잠재력이 있다고 한다. 일부 연구에서는 신체를 가진 로봇이 학습자의 학업 성과와 학습 흥미를 증진할 수 있다는 결과도 보고되었다. 다만 아직 연구에 따라 차이가 있어, 물리적 로봇 사용이 항상 화면상 AI에 비해 일관된 성취도 향상으로 이어지는지는 추가 검증이 필요한 부분이다. 그럼에도 분명한 것은 AI가 교실에서 인간과 직접 상호작용하는 물리적 존재로 다가올 때, 학생들의 경험 양상이 크게 달라진다는 점이다. 로봇 교사는 무엇이든 알고 있고, 반복 설명이 가능하고, 개인 맞춤형 대응을 해 줄 수 있기 때문에 대규모 학급에서 교사 1인이 놓치기 쉬운 학습자별 요구를 세심하게 케어할 수 있게 도와준다.

피지컬 AI는 교사의 역할뿐 아니라 학생들이 직접 다루고 만들어 보는 학습 도구로서도 중요한 의미를 가진다. 최근 각광받는 메이커 교육, STEAM 교육 흐름과 맞물려, 로봇공학 키트나 IoT 장치에 AI를 접목한 교구들이 등장하고 있다. 이러한 도구들은 학생들이 손으로 만지고 조립하면서 코딩과 AI 개념을 익히도록 설계되어, 추상적인 개념 학습을 현실 세계 문제 해결 경험과 연결해 준다. 예를 들어 한 에듀테크 기업의 피지컬 인공지능 교육 프로그램에서는 센서로 주변 정보를 받아들이는 회로를 학생들이 직접 만들고, 거기에 간단한 AI 알고리즘을 코딩해 IoT 시스템을 설계해 보도록 하고 있다. 학생들은 작은 하드웨어 장치를 직접 제어하면서, 자신이 작성한 AI 코드가 현실에서 기기를 "작동"시키는 것을 눈으로 확인하게 된다. 이러한 물리 컴퓨팅(Physical Computing) 기반 AI 교육은 아이들에게 단순한 화면 속 시뮬레이션이 아닌 현실의 피드백을 제공하기 때문에 훨씬 생생한 학습을 가능케 한다. 예컨대 디지털 환경에서는 센서 데이터나 로봇 동작을 가상으로만 보았다면, 피지컬 AI 교구를 활용할 때 학생들은 온도 센서로 교실 온도를 측정하고, LED 불빛이나 모터를 직접 구동시키는 등 현실의 원인과 결과를 체험한다. 과학 수업에서 AI 센서를 이용해 식물의 광합성량을 실시간 측정해 본다거나, 수학 시간에 로봇의 움직임 경로를 프로그래밍해 기하학 개념을 실험해 보는 식의 프로젝트는 학습자에게 능동적 참여를 유도한다. 이런 체험을 통해 학습자는 추상적 지식이 현실 세계와 어떻게 연결되는지 깨닫게 되고, 문제를 몸으로 해결하는 창의력과 문제 해결력을 키울 수 있다. 실제 연구에서도 교육용 로봇을 도입한 수업은 상황 판단력, 비판적 사고 등 고차원적 사고 능력을 길러 주며, 문제 해결 및 협업 능력 향상에 기여할 수 있다고 보고된다. 또한 로봇이나 스마트 기기를 함께 만들고 프로그래밍하는 활동은 자연스럽게 팀 프로젝트 형식으로 진행되기 때문에, 학생들의 협동심과 의사소통 능력까지 발전시키는 장점이 있다. 단순히 교과 지식을 암기하는 것을 넘어, 피지컬 AI를 활용한 학습은 학습자에게 창의성과 실험 정신, 디지털 시대의 새로운 공학적 소양을 길러 주는 방향으로 교육을 변화시키고 있다.

피지컬 AI가 가져온 학습자 경험의 변화

피지컬 AI의 도입은 학습자 경험 측면에서 질적인 변화를 초래한다. 가장 큰 변화는 학습자의 역할이 수동적인 지식 소비자에서 능동적인 참여자로 바뀐다는 점이다. 전통적인 디지털 기반 교육에서는 학생이 주어진 콘텐츠를 화면으로 보고 듣는 것이 주된 상호작용이었다. 반면 피지컬 AI 환경에서는 학생이 직접 대화하고 만지고 움직이면서 배움에 관여하게 된다. 학습자 중심의 능동학습(Active Learning)이 자연스럽게 구현되는 것이다. 예를 들어, 과거에는 과학 원리를 애니메이션 영상으로 시청했다면 이제는 AI 로봇과 함께 작은 실험을 수행하거나, VR(가상현실)/AR(증강현실) 기기를 쓰고 가상의 실험실에서 몸을 움직여 실습하는 식이다. 몸을 활용한 학습(Embodied Learning)은 머리로만 이해하는 것보다 더 깊은 인지를 돕는다. 학생들은 오감과 동작을 활용해 정보를 받아들이므로 학습 몰입도와 기억 유지율이 올라간다. 실제로 실제 로봇과 상호작용하면 학습자의 행동 참여와 감정적 반응이 증가하고, 학습 만족도나 즐거움 측면에서 긍정적 효과가 있다는 연구 결과도 있다. 가령 로봇과 대화하며 배우는 학생은 컴퓨터 화면에서 혼자 문제를 푸는 학생보다 흥미를 더 느끼고, 적극적으로 질문을 던지거나 시도를 반복하는 경향이 높다. 이처럼 흥미와 동기 유발은 학습 효과를 극대화하는 중요한 요소인데, 피지컬 AI는 그 부분에서 큰 강점을 보인다.

또 다른 경험상의 변화는 즉각적인 피드백과 상호작용의 풍부함이다. 디지털 학습에서도 즉각적 피드백은 가능하지만, 피지컬 AI에서는 피드백이 보다 다감각적이고 직관적이다. 예를 들어, 학생이 어려움을 겪을 때, 로봇 튜터는 말로 설명해 줄 뿐 아니라 직접 시범을 보이거나 몸짓으로 힌트를 줄 수 있다. 로봇이 고개를 갸웃하며 "한번 다시 생각해 볼래요?"라고 부드럽게 말하거나, 또는 교육용 로봇 팔이 수학 문제에서 옳은 답 쪽으로 살짝 가리키는 모습은 학생에게 친근하고 인간적인 지지로 다가온다. 반면 기존의 소프트웨어 튜터는 텍스트나

소리로만 피드백을 주기 때문에 전달력에 한계가 있었다. 현실 세계와 연결된 맥락적 학습도 피지컬 AI가 가져온 중요한 변화다. 예를 들어 환경 교육에서 AI 센서로 실시간 대기질을 측정하고 그 데이터를 분석해 보는 활동은, 추상적인 환경 문제를 학생 주변의 현실 문제로 인식하게 만든다. 이처럼 맥락 속에서의 학습(contextual learning)은 학습 내용을 자기 삶과 연결 짓게 해 주어 이해도와 의미 부여를 높인다. 물론 피지컬 AI 활용이 항상 편리하고 완벽한 경험만을 보장하는 것은 아니다. 새로운 기술인 만큼 기기 오작동이나 제약으로 인해 학생이 당황하는 경우도 있고, 처음에 신기했던 로봇도 반복 사용하면 새로움이 주는 효과가 줄어들어 흥미가 떨어질 수 있다는 지적도 있다. 따라서 단순히 기기를 투입하는 것에 그치지 않고, 교육적으로 의미 있는 활동 설계와 교사의 개입이 함께 이뤄져야 한다. 예컨대 로봇과의 대화 활동 후에 교사가 학생들과 내용을 토의한다든지, AI 키트를 활용한 프로젝트 후에 결과를 발표하고 공유하게 하는 등 인간 교사와 AI의 혼합형 교수 설계가 중요하다. 다행히 많은 교육자들이 이러한 하이브리드 형태의 교수법을 연구하고 있으며, 초기 연구들은 AI 튜터와 인간 교사가 협력할 때 학습자의 성취가 높아질 수 있음을 시사한다. 요컨대, 피지컬 AI는 기존 교육을 완전히 대체하기보다는 기존 교육의 한계를 채워 주고 학습 경험을 확대해 주는 강력한 도구로 보는 것이 바람직하다.

기존 디지털 교육과의 차별성

마지막으로, 피지컬 AI 기반 교육이 기존 디지털 기반 교육과 어떻게 다른지 정리해 보자. 디지털 기반 교육이란 흔히 컴퓨터나 태블릿, 인터넷 플랫폼을 통해 이뤄지는 이러닝(e-learning), 온라인 강의, 또는 교육용 앱 활용 수업 등을 가리킨다. 이런 형태의 교육은 시간과 장소의 제약을 줄이고, 많은 학습자에게 동시에 접근성 높은 학습 기회를 준다는 장점이 있었다. 반면 학습 경험이 화면과 가상 환경 안에 한정되기 때문에 신체적인 경험이나 현실 세계와의 연결 고리가 부족하다는 한계도 있었다. 피지컬 AI 교육은 이러한 한계를 보완하며, 몇 가지 측면에서 기존 디지털 교육과 구별된다.

우선 상호작용의 형태가 다르다. 디지털 교육에서는 마우스 클릭, 키보드 입력, 터치스크린 조작 등이 주된 상호작용이다. 학습자는 화면 속 가상 객체를 간접적으로 다룬다. 반면 피지컬 AI 환경에서는 학습자가 로봇과 대화하고, 기기를 손으로 만지고 조작하며, 물리적으로 이동하는 등 직접적이고 다양한 상호작용이 일어난다. 비언어적 의사소통도 오간다. 예를 들어 학생이 난감해하면 로봇이 고개를 갸웃하거나 격려의 제스처를 취하는 식으로 풍부한 피드백 채널이 열린다. 이는 단방향적인 화면 학습과 확연히 구별되는 체험이다.

감각의 활용이 가능하다. 디지털 학습은 주로 시각과 청각에 의존한다. 하지만 피지컬 AI를 활용하면 촉각, 운동 감각, 공간 지각 능력까지 총동원된다. 예를 들어 증강현실이나 혼합현실 기반 교육에서는 눈으로 보는 것에 더해 손발을 움직여 가며 가상의 사물을 현실에 배치해 보는 경험을 하게 된다. 로봇공학 키트를 조립하는 활동에서는 부품의 질감과 무게를 느끼고, 서로 끼워 맞추는 과정을 거친다. 이러한 멀티모달 학습 경험은 학습 내용을 뇌에 더욱 깊이 각인시킨다.

현실 맥락과 적용성을 높일 수 있다. 기존 디지털 교육 콘텐츠는 아무리 사실적으로 제작되었다고 해도 어디까지나 가상 시나리오다. 반면 피지컬 AI는 실시간 센서 데이터를 활용하거나 현실 세계 사물과 사람을 상호작용 대상으로 삼는다. 예를 들어 코딩 수업에서 시뮬레이션으로 로봇을 움직이는 것과, 실제 로봇 청소기를 프로그래밍해 교실 바닥을 청소하게 하는 프로젝트는 학생들에게 다가오는 현실감이 다르다. 전자는 추상적 사고 연습에 머물지만, 후자는 눈앞의 현실 문제 해결로 이어진다. 이렇듯 현실과 연결된 학습은 학습 전이에 유리해 교실에서 배운 것을 실제 생활에 적용하는 능력을 키워 준다.

개인화와 적응성을 높일 수 있다. AI 기술은 디지털 교육에서도 학습자 맞춤형 콘텐츠 제공에 활용되어 왔다. 하지만 피지컬 AI는 한 걸음 더 나아가 학습자의 행동 데이터와 주변 환경 데이터까지 활용한 적응형 학습을 구현할 수 있다. 예를 들어 AI 로봇 튜터는 학생의 표정이나 발화 톤을 분석해 감정 상태를 파악하고 이에 맞게 반응할 수 있다. 학생이 지루해하면 농담을 한다거나, 난이도 조절을 바로 해 주는 식이다. 기존 소프트웨어 튜터도 클릭 패턴이나 정답률로 추정은 할 수 있지만, 실시간 몸짓과 표정 인식을 통해 정교하게 반응하는 수준에는 미치지 못했다. 이런 면에서 피지컬 AI는 학습자의 인지적 상태뿐 아니라 감정적 상태까지 고려한 학습 경험을 제공하며, 인간 교사와 더 유사한 형태의 맞춤 지도를 실현한다.

종합하면, 피지컬 AI 교육은 디지털 교육의 장점을 유지하면서도 그동안 부족했던 현실성과 상호작용성을 더해 한층 풍부한 학습 경험을 창출한다. 물론 이를 위해서는 하드웨어 기기의 안정성, 비용 문제, 교사의 새로운 역할 습득 등 현실적인 고려 사항도 많다. 그러나 기술이 발전하고 가격 장벽이 낮아짐에 따라 더 많은 학교와 교육자가 피지컬 AI를 도구 삼아 혁신적인 수업을 시도하고 있다. AI와 로봇 기술의 융합으로 교육 패러다임이 변화하고 있는 현장에서는 미래 세대의 학습자가 더욱 창의적이고 주도적으로 지식을 습득하는 모습이 나타나고 있다. 궁극적으로 교육을 위한 피지컬 AI는 사람과 기계가 협력해 새로운 배움의 방식을 만들어 가는 장으로서, 학습자 경험의 지평을 넓히고 미래 교육의 방향성을 제시해 주고 있다.

참고문헌

우용하(2025.4.18). 달꿈, 생성형·피지컬 AI 교육 프로그램 운영… 체험형 진로교육 앞장서. 한국정경신문, https://kpenews.com/View.aspx?No=3618846

이지현(2025.4.28). [기획기사] 피지컬 AI, 인간과 협력하는 지능형 로봇의 시대. 공개소프트웨어(OSS), https://www.oss.kr/oss_guide/show/7d207907-f60b-492f-aed5-077385ec6b47

Ackermann, H. et al.(2025). Physical embodiment and anthropomorphism of AI tutors and their role in student enjoyment and performance. *npj Science of Learning, 10.* https://www.nature.com/articles/s41539-024-00293-z

KBS WORLD(2023.11.29). Seoul education office to introduce robots for 1:1 english learning, https://world.kbs.co.kr/service/news_view.htm?lang=e&Seq_Code=182095

Qin Yang, Q. et al.(2024.6.27). [논문 리뷰] Surprising Performances of Students with Autism in Classroom with NAO Robot. *Moonlight,* https://www.themoonlight.io/ko/review/surprising-performances-of-students-with-autism-in-classroom-with-nao-robot

Yang, Q.-F. et al.(2023.4.14). Developing a gamified artificial intelligence educational robot to promote learning effectiveness and behavior in laboratory safety courses for undergraduate students. *International Journal of Educational Technology in Higher Education,* 20. https://educationaltechnologyjournal.springeropen.com/articles/10.1186/s41239-023-00391-9

07
도로 위의 피지컬 AI

자율주행차는 인공지능이 물리 세계를 인식하고 판단해 스스로 주행하는 대표적인 피지컬 AI 사례다. 다양한 센서와 딥 러닝 알고리즘을 활용해 도로 상황을 실시간으로 파악하고, 판단과 제어를 통해 인간처럼 운전한다. 서울과 미국 등에서 로보 택시와 자율 셔틀이 실제로 운행 중이며, 법과 제도, 사회적 구조, 도시 인프라 전반에 큰 변화를 일으키고 있다. 자율주행차는 단순한 기술을 넘어 미래 일상의 새로운 표준이 되어 가고 있다.

AI와 애니메이션?

자율주행차는 어떻게 달리는가

현대의 도시 거리 한복판, 운전자석이 빈 채 스스로 주행하는 자동차가 나타나고 있다. 사람 대신 인공지능이 운전대를 잡은 이 자율주행차들은 피지컬 AI의 대표 주자로서 우리 일상의 풍경을 바꾸어 놓고 있다. 예컨대 자율주행차는 공간을 센서로 인지하고 AI로 판단해 움직이는, 디지털 지능과 물리 세계가 결합된 결과물이다. 이러한 도로 위의 인공지능은 단순히 자동차 한 대의 변화에 그치지 않고 물리적 공간, 인간 행동과 인지 방식, 사회 제도 전반에 걸친 새로운 경험의 시대를 열고 있다.

사람 운전자가 없는 자동차가 스스로 주행하려면, 도로의 눈과 귀 역할을 하는 각종 센서와 뇌 역할을 하는 AI 알고리즘의 긴밀한 상호작용이 필요하다. 자율주행차에는 전방과 사방을 살피는 카메라, 레이더, 라이다(LiDAR) 등 다양한 센서가 장착된다. 카메라는 인간의 눈처럼 교통 신호, 보행자, 도로 표지판 등 시각 정보를 감지하고, 레이더는 전파를 이용해 앞차와의 거리나 속도를 정밀하게 측정한다. 라이다는 레이저로 주변 환경의 3차원 지도를 그리는 역할을 해 몇백 미터 앞의 물체까지도 정확히 파악해 낸다. 이러한 센서들이 수집한 데이터를 자율주행차의 AI가 실시간으로 융합 처리한다.

예컨대 카메라 영상으로 물체의 형태를 인식하고, 라이다 · 레이다 정보로 물체까지의 거리와 움직임을 계산한 뒤, 이를 종합해 도로 상황을 이해한다.

센서의 입력을 해석하는 두뇌는 딥 러닝 등의 AI 기술이다. 현대 자율주행차의 인지 시스템은 주로 수백만 장의 도로 이미지와 주행 데이터를 학습한 딥 러닝 알고리즘으로 구성된다. 예를 들어 합성곱 신경망(CNN) 기반 모델은 카메라 영상을 분석해 차량이나 보행자, 차선과 신호등을 식별하고, 순환 신경망(RNN)의 일종인 장단기 메모리(Long Short Term Memory) 모델은 연속된 장면 속 움직이는 객체의 움직임 패턴을 예측하는 데 활용된다. 이렇게 학습된 신경망들은 실제 주행 시 센서로부터 들어오는 데이터를 실시간 추론해 차량 주변의 상황을 인지하고 판단을 내리게 된다. 예컨대 전방 도로에 사람이 뛰어드는 것을 카메라 영상으로 포착하면, AI는 즉각 이를 보행자로 인식하고 속도를 줄이거나 멈추도록 차량 제어 장치에 명령을 내린다. 인공지능이 주변 환경을 정확히 인지했다면 다음은 주행 전략을 결정할 차례다. 이는 자율주행차의 계획 및 제어 알고리즘이 담당하는 부분으로, 최적의 경로를 선택하고 가속 페달과 브레이크, 조향 등을 정교하게 제어한다. 예를 들어 고속도로 진입을 앞둔 상황이라면 차량은 주변 차량들의 속도와 간격을 고려해 차선을 변경하고, 가속 타이밍을 잡아야 한다. 이때 AI는 수많은 주행 시나리오 데이터에 기반한 규칙 기반 시스템과 머신 러닝 모델을 함께 활용해, 인간 운전자 수준의 부드럽고 안전한 주행 경로를 생성한다. 이렇게 보내진 센서 데이터를 AI가 인지하고, 이를 계획 및 제어로 이어지는 일련의 과정이 사람의 개입 없이 반복되며, 자율주행차는 마치 인간처럼 도로 위를 달릴 수 있게 된다.

도로 위의 자율주행차: 주행 사례와 경험

실제 도로 환경에서 자율주행차들은 이미 서서히 존재감을 드러내고 있다. 서울 강남과 서초구 일대 도로에서는 심야 시간에 안전 요원이 동승한 로보 택시가 차선을 바꾸고, 앞 차와 거리를 유지하며 달리고 있고, 경복궁역에서 청와대까지는 자율주행 셔틀버스가 승객을 태우고 운행 중이다. 세종시에서는 호출형 자율주행 버스인 '셔클'이 택시처럼 불러서 목적지까지 데려다주는 시범 서비스까지 선보였다. 현재 우리나라에서 임시 운행 허가를 받은 자율주행 시험차만 476대에 이르며, 날로 기술이 발전함에 따라 운영 범위가 확대되고 있다. 미국에서도 구글 웨이모(Waymo)와 GM 크루즈(Cruise) 같은 기업들이 애리조나주 피닉스나 샌프란시스코 시내에서 일반 승객을 태운 완전 자율 로보 택시 서비스를 운영 중이다. 덕분에 일부 시민들은 이미 출퇴근이나 장보기 등에 사람 운전사가 없는 로봇 차량을 활용하는 새로운 이동 경험을 누리고 있다.

물론 현실 도로에서의 시행착오도 있었다. 자율주행 기술 초창기였던 2016년, 테슬라 차량이 고속도로 주행 중 트레일러 트럭을 하늘로 오인하는 인지 오류를 일으켜 치명적 사고로 이어진 적이 있다. 2018년에는 우버(Uber)의 시험 주행 차량이 밤길에 무단 횡단하던 보행자를 미처 감지하지 못해 사망 사고가 발생하며 큰 논란이 일었다. 다행히 이러한 사건들은 업계와 연구자들에게 뼈아픈 교훈이 되어, 센서와 AI 성능 개선, 안전 프로토콜 강화에 힘쓰는 계기가 되었다. 그 결과 최근 자율주행차의 안전 지표는 눈에 띄게 향상되고 있다. 예를 들어 웨이모의 완전 자율차는 2018년부터 2025년 초까지 누적 9천만 킬로미터 이상의 주행 데이터를 축적하는 동안 보행자 관련 부상 사고를 92%나 감소시키고, 교차로 차량 충돌 사고를 96% 줄이는 등 인간 운전자 대비 월등히 낮은 사고율을 보였다. 아직 극복할 과제는 남아 있지만,

실제 도로 환경에서 자율주행 AI의 안전 잠재력이 입증되고 있는 셈이다. 한편, 자율주행차와 일반 차량이 함께 달리는 도로 풍경은 독특한 새로운 장면을 만들어 내고 있다. 완벽히 법규를 준수하며 제한 속도를 지키는 로봇 차량들 뒤로 사람이 모는 차들이 추월하려고 줄지어 늘어서는 모습이 연출되기도 하고, 교차로에서 운전자 없는 차와 마주한 보행자가 잠시 주저하며 차량의 양보 신호를 찾는 모습도 이제 낯설지 않다. 이를 위해 일부 자율주행차는 차량 외부에 별도 램프나 디지털 표시를 장착해 보행자에게 "건너세요" 같은 의사를 전달하는 새로운 소통 방식을 시험하고 있다. 도로 위 인간 대 AI의 소통 방식이 정립되어 가는 과정 자체가 도시 일상의 한 풍경이 되고 있는 것이다.

법과 제도, 사회적 변화의 물결

도로에 등장한 피지컬 AI는 법적 · 사회적 과제들도 함께 떠올렸다. 우선 「도로교통법」과 차량 관련 제도 정비가 각국에서 활발하다. 대한민국은 2020년 세계 최초로 자율주행차 상용화를 지원하는 법률을 제정한 데 이어, 2024년에는 부분 자율주행차 운행 시 운전자 의무와 책임을 규정하는 「도로교통법 개정」을 마련했다. 2025년부터는 자율주행차 임시 운행 허가를 받은 테스트 드라이버들에게 2년마다 교통안전 교육을 의무화해, 자율주행 시스템을 이해하고 비상시 대처 능력을 갖추도록 하고 있다. 이는 자율주행 시대를 대비해 인간 운전자의 역할과 책임을 재정의하려는 움직임으로 볼 수 있다. 나아가 경찰청은 2028년까지 완전 자율주행차 전용 면허 제도 도입, 비상시 원격 제어 방안 등도 검토할 계획이다. 이러한 법·제도 개선 작업은 자율주행차와 일반 차량의 공존을 안전하게 관리하고, 향후 사람이 아예 관여하지 않는 차량에 대해 새로운 규범을 수립하는 준비 과정이다.

책임 소재에 관한 사회적 논의도 뜨겁다. 자율주행차 사고가 발생하면 과실은 누구에게 있을까? 기존 교통사고는 운전자의 과실로 귀결되지만, AI가 운전하는 차량에서는 제조사 또는 소프트웨어 개발사의 책임이 부각된다. 실제로 영국은 "자동 운행 모드에서 사고 시 차량 보험사가 우선 배상하고, 이후 제조사에 구상 청구한다"는 원칙을 법에 명문화했고, 독일 역시 자율주행 시스템 자체의 결함에 법적 책임을 묻는 틀을 마련했다는 평가를 받는다. 우리나라를 비롯한 여러 국가에서도 「제조물 책임법」과 보험 제도를 손질하며 책임 주체 전환에 대비하고 있다. 궁극적으로는 사람이 운전하지 않으니 형사 책임의 개념도 변화하게 된다. 이러한 법적 정비는 기술 신뢰와 보급에 필수적인 기반으로, 자동차 산업과 보험 업계에도 큰 영향을 미치고 있다. 사회적으로는 자율주행차가 몰고 올 일자리 변화와 윤리적 이슈도 중요하다. 운송업계에서는 트럭 운전사, 택시 기사 등의 직업이 감소할 것이라는 우려가 나온다. 실제 자율주행 화물 트럭이 상용화되면 장거리 운전에 투입되는 인력이 줄어들 수 있고, 로보 택시가 늘어나면 택시 산업 구조가 크게 변할 수 있다. 반면 차량 관제사나 자율주행차 정비사, 원격 지원 제공 서비스 등 새로운 일자리 수요도 생길 전망이다. 기술 발전에 따른 노동 구조 변화에 사회가 대비해야 한다는 목소리가 높다. 윤리적으로는, 이른바 트롤리 딜레마로 알려진 사고 발생 시 AI의 판단 기준에 대한 논쟁이 있다. 불가피하게 사고가 난다면 자율주행차는 운전자와 보행자 중 누구의 안전을 우선해야 할까? 이러한 질문에 명쾌한 답을 내리기는 어렵지만, 대부분의 전문가들은 "애초에 그런 극단 상황이 발생하지 않도록 안전 주행에 집중하는 것이 중요"하다고 강조한다. 즉, AI에게 도덕적 선택을 강요하기보다는 속도 제한 준수, 충분한 간격 유지 등으로 사고 가능성을 최소화하는 방향으로 설계해야 한다는 것이다. 현재도 자율주행차 개발자들은 윤리 가이드라인을 만들고 AI의 의사 결정 과정을 투명하게 공개하는 노력을 기울이고 있다. 이는 사회적 수용성을 높이기 위한 자율주행 생태계의 자기 계발이라 할 수 있다. 자율주행차는 또한 도시 환경과 생활 방식 전반에 파장을 미칠 것으로 보인다. 가령 자율주행차가 널리 보급되면 주차장의 개념이 달라질 수 있다. 오늘날 도심 공간의 상당 부분을 차지하는 주차장은, 필요할 때만 호출하면 되는 공유 자율차 시대에는 그 규모를 줄이고 다른 용도로 개발할 수 있다. 실제로 어떤 미래 도시는 "건물 앞에 차를 세우면 알아서 주변을 돌다가 호출하면 다시 오는" 자율주행 발레파킹 시스템을 구상 중이다. 그렇게 되면 도심 거리에 주정차된 차량이 사라지고, 보행자 공간이 늘어나며, 도시 경관과 삶의 질이 개선될 여지가 있다. 교통 체계도 변화가 예상된다. 모든 차량이 실시간 연결되어 신호 대기 없이 교차로를 통과하는 스마트 인프라가 구현된다면, 통근 시간 단축과 에너지 절감 효과가 클 것이다. 또 대중교통 측면에서 수요응답형 자율주행 셔틀이 활성화되면 노선버스가 다니기 어려운 지역까지 촘촘히 커버하면서 교통 사각지대를 해소할 수도 있다. 이러한 변화들은 단순히 자동차 기술의 발전이 아닌 생활 양식의 진화로 이어지며, 피지컬 AI가 만들어 내는 새로운 일상의 단면들을 보여 준다.

자율주행차가 여는 새로운 일상

자율주행차를 중심으로 한 피지컬 AI의 발전은 이제 막 현실에 스며들기 시작했지만, 그 미래상은 한층 드라마틱한 변화를 예고한다. 전문가들은 완전한 자율주행 시대가 성큼 오리라던 초기 예상과 달리 점진적 전환이 이뤄질 것으로 내다본다. 골드만 삭스의 보고서에 따르면 2030년경에도 전 세계 신차 중 완전 자율주행(Level 4) 차량이 차지하는 비중은 23% 정도가 될 것으로 전망된다. 부분 자율주행(Level 3) 기능을 갖춘 차까지 합쳐도 10% 남짓으로 예상되니, 상당수 차량은 여전히 사람이 운전대를 잡고 있을 것이란 뜻이다. 기술적 난제와 규제, 비용 문제 등으로 완전 무인차의 보편화에는 시간이 걸리는 것이다. 그러나 장기적으로 보면 상황은 달라진다. AI 기술의 꾸준한 발전과 센서 비용 하락으로 자율주행 기능이 급속도로 확산되어, 2040년쯤엔 신차의 40~60%가 자율주행차가 될 것이라는 전망도 있다. 특히 중국, 유럽 등 일부 지역은 정책 드라이브에 힘입어 자율주행차 보급률이 60%를 넘을 가능성도 제기된다. 이러한 기술 곡선을 탄다면 머지않아 도로 위 차량 대다수가 인공지능으로 움직이고, 인간은 필요할 때만 운전하는 모습이 현실이 될 수 있다.

미래의 일상에서 이동은 지금과 사뭇 다른 의미를 지닐 것이다. 자율주행 로보 택시가 흔해지면, 우리는 굳이 자동차를 소유하지 않아도 된다. 스마트폰 앱으로 호출하면 수 분 내에 AI 차량이 문 앞에 도착하고, 목적지까지 안전하게 데려다준 뒤 혼자 떠나갈 것이다. 차 안에서는 업무를 보거나 영화를 보는 등 각자 시간을 보낼 터이고, 도착 후엔 주차 걱정 없이 바로 내리면 된다. 이렇게 되면 교통 체증이나 주차 스트레스 같은 오늘날의 골칫거리가 상당 부분 해소될 수 있다. 또한 운전면허가 필요 없는 세대가 등장하면서 이동의 평등성이 높아진다. 노인이나 장애인, 미성년자도 자율주행 모빌리티 서비스를 통해 자유롭게 이동할 수 있는 사회는 이동권 측면에서 큰 진전이다. 실제로 시각 장애인들에게 자율주행차는 "게임 체인저"로 불리며, 새로운 독립성과 자유를 선사할 기술로 기대되고 있다. 또 다른 변화는 인간의 공간 인지와 이동 습관에 있다. 자동차가 알아서 길을 찾아가 주는 세상에서는 우리가 지도를 보고 길을 익히는 일이 줄어들지 모른다. 한 세대 뒤에는 "운전 감각"이나

"길눈 좋음" 같은 말이 무의미해질 수도 있다. 대신 도시는 더욱 정교한 디지털 지도와 차량 간 통신망으로 움직이고, 사람들은 목적지만 정하면 되는 보다 추상적인 수준의 이동을 생각하게 될 것이다. 이는 마치 과거에 길을 걸으며 직접 외우던 길 찾기가 내비게이션의 등장으로 우리의 인지 부하에서 사라진 것과 비슷한 맥락이다. 나아가 환경적 효과도 기대된다. 모든 차량이 최적 경로로 주행하고, 군집 주행으로 공기 저항을 최소화하면 교통 분야 탄소 배출이 감소할 가능성이 있다. 또한 전기차 기반의 자율주행차가 주류가 되면 화석 연료 사용 감축에도 기여할 것이다. 요컨대 자율주행차의 확산은 단순히 운전대에 앉은 사람이 없어지는 변화가 아니라, 도시 공간의 재편과 인간의 생활 패턴 변화로 이어지는 거대한 흐름이다. 궁극적으로 자율주행 자동차는 '피지컬 AI가 만들어 내는 새로운 일상 경험'의 상징이라 할 만하다.
자동차의 등장은 과거에 인간의 이동 범위를 획기적으로 넓혀 주었고, 도시의 형태와 생활 문화를 뒤바꿔 놓았다. 이제 인공지능 기술과 결합한 자동차의 진화는 또 한 번 일상의 패러다임 전환을 예고하고 있다. 운전에서 해방된 인간은 이동 시간을 보다 가치 있게 활용하게 될 것이고, 도로는 더 안전하고 효율적인 공간으로 탈바꿈할 것이다. 물리적 공간과 디지털 지능의 융합이라는 피지컬 AI의 흐름 속에서, 자율주행차는 우리의 일상에 스며들어 삶의 풍경을 바꾸어 가고 있다.

참고문헌

권희춘(2025.4.30). 디지털과 현실을 잇는 미래의 열쇠, 피지컬 AI. 미래경제뉴스, https://www.mirae.news/news/articleView.html?idxno=7870

문광민(2025.3.19). 자율주행차 시험운전자 교통안전교육 의무화… 현재 허가차량 476대. 《매일경제》, https://www.mk.co.kr/news/society/11267737

짐승(2024.7.4). 자율주행 인지에서의 ai딥 러닝과 실제 적용 및 사고 사례[테슬라 FSD, 구글 웨이모, 지율주행 사망사고 사례], 짐승Lab, https://beast1251.tistory.com/133

Goldman Sachs(2024.8.19). Partially autonomous cars forecast to comprise 10% of new vehicle sales by 2030, https://www.goldmansachs.com/insights/articles/partially-autonomous-cars-forecast-to-comprise-10-percent-of-new-vehicle-sales-by-2030

Hawkins, A. J(2025.5.2). Waymo is still good at avoiding serious distraction and death after 56.7 million miles. *The Verge*, https://www.theverge.com/news/658952/waymo-injury-prevention-human-benchmark-study

LeBlanc, J.(2019.3.27). From pilots to passengers: The UX of self-driving cars. *ICS*, https://www.ics.com/blog/pilots-passengers-ux-self-drivi

ng-cars

Moye, B.(2024.3.14). AAA: Fear of self-driving cars persists as industry faces an uncertain future. *AAA Newsroom*, https://newsroom.aaa.com/2024/03/aaa-fear-of-self-driving-cars-persists-as-industry-faces-an-uncertain-future/

Sanchez, D.(2025.3.21). Impact of Autonomous Vehicles on Auto Insurance in 2025. *Inszone Insurance*, https://inszoneinsurance.com/blog/impact-of-av-on-auto-insurance

Setareh, D.(2025.6.5). Can a passenger in a self-driving car be held liable for an accident? *Setareh Firm*, https://www.setarehfirm.com/passenger-liability-self-driving-car-accident/

Waymo(2023.4.12). Waymo's autonomous vehicles could be a 'Game Changer' says National Federation of the Blind, https://waymo.com/community/articles/national-federation-of-the-blind/

Waymo(2024.6.12). 'Badass blind babe' Jessie Wolinsky shares why she rides with Waymo: 'The most freeing feeling ever.', https://waymo.com/community/articles/badass-blind-babe-jessie-wolinsky-shares-why-she-rides-with-waymo/

08
산업 현장 속 피지컬 AI

4차 산업혁명 시대, 스마트 팩토리와 피지컬 AI의 결합은 제조업의 패러다임을 근본적으로 바꾸고 있다. 센서와 AI가 연결된 공장은 설비 상태를 실시간으로 감지하고, AI가 데이터를 분석해 최적의 생산 결정을 내리며 자율적으로 움직인다. 특히 협동 로봇과 예지 정비 시스템, 실시간 데이터 분석은 생산성을 높이고, 불량과 고장을 최소화한다. 이로써 사람은 반복 작업에서 벗어나 창의적 역할을 맡게 되었고, 산업 현장은 더욱 유연하고 안전한 공간으로 진화하고 있다.

AI와 인재 채용?

스마트 팩토리와 피지컬 AI의 만남

4차 산업혁명 시대에 제조업 경쟁력의 열쇠는 더 이상 노동력이나 단순 자동화만이 아니다. 그 대신 유연성과 지능화가 중심이 되고 있으며, 이러한 변화의 상징이 바로 스마트 팩토리다. 스마트 팩토리란 기존 공장에 정보통신 기술(ICT)과 AI를 비롯한 디지털 기술을 접목해 실시간 데이터 기반의 자율적 판단과 최적화가 가능한 지능형 생산 체계를 말한다. 쉽게 말해 공장의 모든 설비와 시스템이 센서와 네트워크로 연결되어 데이터를 주고받고, AI가 그 정보를 분석해 스스로 최적의 생산 방법을 결정하는 공장이다. 센서와 사물인터넷(IoT)이 설비 상태, 제품 품질, 환경 정보를 실시간 수집하고, 이렇게 모인 데이터는 클라우드나 현장의 서버로 전송되어 통합 관리된다. 이어서 AI와 빅데이터 분석 기술이 동원되어 이상 징후를 탐지하거나 품질을 예측하고, 생산 계획을 최적화하는 등 의사 결정을 자동화한다. 마지막으로 사이버 물리 시스템(CPS)과 로봇 제어 기술을 통해 그 결정이 즉각 생산 설비에 반영되어 사람의 개입 없이도 공정을 조정하고 설비를 제어하게 된다. 이러한 일련의 과정 속에 피지컬 AI가 자리 잡으면서, 공장은 말 그대로 살아 움직이는 유기체처럼 변화하고 있다.

스마트 팩토리에 구현된 피지컬 AI의 효과는 이미 수치로도 증명되고 있다. 많은 제조 기업들은 AI 도입을 통해 생산 효율과 품질을 크게 향상하고 있다. 특히 예지 정비, 품질 검사 자동화, 스마트 공급망 관리 등의 영역에서 괄목할 만한 성과가 나타났다. 실제 조사에 따르면 전 세계 주요 제조 기업의 약 60%가 AI 기반 예지 정비 시스템을 도입해 설비 다운타임(downtime 가동 중단)을 30% 이상 감소시키는 효과를 거두었다고 한다. 이는 과거에 예기치 못한 기계 고장으로 생산이 멈추던 일이 그만큼 줄었다는 뜻이며, 공장 운영의 안정성과 효율이 크게 높아졌음을 의미한다. 글로벌 선도 기업의 사례도 이를 뒷받침한다. 미국 GE 사의 '브릴리언트 팩토리(Brilliant Factory)' 프로젝트에서는 AI로 설비 고장을 예측하고 미리 조치를 취한 결과, 고장 발생률을 10% 이상 줄이고 생산성을 20% 향상하는 성과를 올렸다. 다시 말해, 똑똑해진 공장은 낭비되는 시간을 최소화하고, 같은 시간에 더 많은 제품을 더 높은 품질로 만들어 내는 곳이 된 것이다. 이렇듯 피지컬 AI가 접목된 스마트 팩토리는 기존에 불가능하거나 어려웠던 실시간 최적화를 현실로 만들었다. 과거에는 현장 관리자나 숙련공의 경험에 의존해야 했던 많은 결정이 이제는 데이터와 AI 알고리즘에 기반해 이뤄진다. 제조업은 산업 분야 중에서도 가장 방대한 데이터를 생성하는 분야로 꼽히며, 이렇게 쏟아져 나오는 데이터를 얼마나 잘 활용하느냐가 경쟁력의 관건이다. 피지컬 AI는 바로 이 부분에서 인간이 처리하지 못하는 방대한 데이터를 실시간으로 분석해 최선의 선택을 내리는 두뇌 역할을 하고 있는 셈이다. 그 결과 오늘날의 생산 현장은 불량품을 사전에 막고, 공정상의 병목을 예측해 해소하며, 자재나 에너지의 낭비를 최소화하는 방향으로 발전하고 있다.

사람과 로봇이 함께 만드는 성과

스마트 팩토리의 한쪽 풍경을 차지하는 핵심 요소는 바로 로봇들이다. 과거의 산업용 로봇은 무겁고 거대하며 안전상의 이유로 사람과 분리된 공간에서 작동하는 경우가 많았다. 또한 정해진 반복 작업만 수행하도록 고정 프로그래밍되어 유연성이 떨어졌다. 그러나 피지컬 AI의 등장으로 로봇은 큰 변화를 맞이했다. 이제 공장에는 협동 로봇이라 불리는 새로운 로봇들이 투입되고 있다. 협동 로봇은 인간과 같은 작업 공간에서 함께 협업할 수 있도록 설계된 로봇으로, 안전 센서와 알고리즘을 통해 사람을 감지하고 충돌을 피하며 동작한다. 다시 말해,

사람의 속도에 발맞춰 움직이고, 사람이 다가오면 속도를 늦추거나 멈추는 등 사람과 호흡을 맞춘다.

협동 로봇은 위험하거나 단조로운 작업을 로봇이 맡고, 사람은 로봇이 하기 어려운 섬세한 판단이나 창의력이 필요한 일을 담당함으로써 최적의 분업을 이끌어 낸다. 예를 들어 자동차 조립 공정에서 무거운 부품을 들어 올려 정확한 위치에 가져다 두는 일은 협동 로봇이 안전하게 수행하고, 인간 작업자는 그 부품을 미세 조정해 장착하거나 품질을 확인하는 식이다. 전통적인 산업용 로봇과 달리 협동 로봇은 프로그래밍 또한 비교적 간편해, 손으로 직접 로봇 팔을 이끌어 가르치거나 태블릿으로 드래그 앤드 드롭(Drag-and-drop)하며 작업을 가르칠 수 있다. 이러한 접근성 덕분에 현장 작업자들도 로봇을 손쉽게 다룰 수 있게 되었고, 자동화의 진입 장벽이 낮아진 것도 큰 변화 중 하나다. 국제로봇연맹(IFR)의 보고에 따르면 일부 협동 로봇은 사용자가 로봇 팔을 잡고 원하는 동작을 직접 시연함으로써 프로그래밍하는 기능을 제공하며, 별도의 복잡한 코딩 없이도 현장에서 바로 활용할 수 있다고 한다. 이렇듯 사람과 기계의 자연스러운 협업이 가능해지면서 생산 현장의 효율과 유연성은 더욱 증대되었다. 초기에는 전자 제품 조립이나 포장 같은 단순 공정 위주로 도입되었지만, 최근에는 품질 검사, 물류 이송, 용접, 페인팅 등 다양한 분야로 활용 범위가 넓어지고 있다. 이미 많은 공장에서 사람과 로봇이 한 팀을 이뤄 일함으로써 생산성이 높아진 사례가 보고되고 있다. 예컨대 국내외 여러 제조사는 작업자의 부담이 큰 공정부터 순차적으로 협동 로봇을 도입한 결과, 전체 생산 출력이 약 40% 증가한 사례도 있다고 한다. 또한 물류 분야에서는 아마존(Amazon)이나 현대차 공장 등에서 자율 이동 로봇(AMR)이 사람 대신 부품이나 자재를 나르는 일을 맡아 물류 효율을 20~30% 향상했다는 보고도 있다. 이런 숫자들이 뜻하는 바는 명확하다. 피지컬 AI로 강화된 로봇들이 인간 노동자들과 함께 일하면서, 과거보다 훨씬 빠르고 유연하게 생산 라인을 움직이고 있다는 것이다. 무엇보다 협동 로봇의 등장은 작업 현장의 경험 자체를 바꾸고 있다. 반복적이고 위험한 작업을 로봇이 도맡으면서 인간 노동자는 보다 안전하고 창의적인 업무에 집중할 수 있게 되었다. 근로자들은 예전처럼 동일한 동작을 하루 내내 반복하며 피로와 부상 위험에 시달리는 대신, 로봇을 관리·감독하고 예기치 않은 상황에서 판단을 내리는 역할로 변모하고 있다. 이는 작업자의 육체적 부담을 줄이고, 동시에 로봇이라는 새로운 동료와 소통하며 일하는 보람을 느끼게 해 주는 긍정적인 변화를 가져온다.

고장을 미리 알아채는 똑똑한 유지 보수

산업 현장에서 피지컬 AI가 가져온 또 다른 혁신은 예지 정비(Predictive Maintenance)다. 과거 공장의 설비 유지 보수는 주로 사후 정비나 예방 정비 형태였다. 하지만 이러한 방식은 예기치 못한 고장을 완전히 방지하기 어렵고, 과도한 예방 점검은 시간과 비용 낭비를 초래하기도 했다. 예지 정비란 센서와 AI를 활용해 설비의 고장 가능성을 사전에 예측하고, 문제가 발생하기 전에 미리 정비를 실시하는 방식을 말한다. 이를 가능하게 한 것은 최근 발전한 IoT 센서 기술과 AI 알고리즘의 결합이다.

구체적으로, 기계나 장비에 부착된 각종 센서가 온도, 진동, 전류, 소음 등 상태 데이터를 지속적으로 측정해 클라우드나 공장 내 서버로 보낸다. AI는 이러한 실시간 데이터를 분석해 평소 패턴과 다른 이상 징후를 포착하고, 고장으로 이어질 확률을 계산한다. 예를 들어 모터의 진동이 통상적인 수준보다 미세하게 증가하고 있는 추이를 AI가 발견하면, 아직 눈에 띄는 문제는 없더라도 미리 해당 부품의 마모나 정밀 점검을 권고하는 식이다.

이러한 시스템이 구축되면 정비 팀은 기계가 실제로 멈춰 서기 전에 수리에 나설 수 있게 된다. 이를 통해 갑작스러운 라인 중단을 막고, 필요한 부품을 사전에 확보해 교체함으로써 예정되지 않은 가동 중단을 최소화한다. 앞서 언급했듯이, 예지 정비를 도입한 기업들은 연간 다운타임 30% 이상 감소라는 눈에 띄는 성과를 내고 있다. 생산 라인이 1년에 몇 시간만 멈춰도 막대한 손실이 발생하는 제조업에서, 30%의 다운타임 감소는 경쟁력에 엄청난 영향을 미친다. 예지 정비는 단순히 고장을 막는 것에 그치지 않고 전반적인 유지 보수 패러다임을 바꾸고 있다. 데이터 기반의 설비 관리 문화가 정착되면서, 정비 부서는 과거처럼 고장 후 소방수처럼 뛰어다니는 대신 계획적이고 전략적인 역할을 맡는다. 설비의 남은 수명 예측이나 부품 교체 최적 주기 결정도 AI가 도와주므로, 부품을 쓸데없이 일찍 교체해 버리는 일도 줄어들고, 정비 비용도 절감된다. 제조업 현장에는 수백, 수천 대의 설비가 있는데, AI는 이 거대한 설비 군집의 건강 상태를 24시간 모니터링하며 일종의 의료 진단 시스템처럼 기능하는 셈이다. 더 나아가, 예지 정비 데이터는 생산 계획과도 연계되어 활용된다. 예컨대 어떤 설비가 곧 정비가 필요하다는 예측이 나오면, 생산 관리 시스템은 그 설비의 유지 보수 일정을 생산 일정과 조율해 가장 영향이 적은 시간대에 정비를 수행하도록 계획한다. 이처럼 AI와 센서의 통합으로 가능해진 예지 정비는, 제조업의 운영 방식을 프로액티브(proactive)하게 변화시켰다. 한마디로, 문제가 터지기 전에 미리 손쓴다는 개념이 산업계에 자리 잡은 것이다. 이는 제품 품질에도 긍정적인 영향을 준다.

센서와 AI의 통합: 실시간 데이터의 힘

앞선 여러 예시에서 공통으로 등장하는 키워드는 바로 센서(sensor)와 데이터다. 산업 현장에서 피지컬 AI의 능력이 제대로 발휘되기 위해서는 눈과 귀에 해당하는 센서들이 구석구석 배치되어 있어야 한다. 오늘날 첨단 공장에는 수많은 센서가 설치되어 기계의 상태, 제품의 품질, 주변 환경 정보를 쉬지 않고 측정한다. 그리고 이러한 현장의 데이터 스트림(Data stream)을 받아서 의미 있는 인사이트를 도출하는 것이 AI의 역할이다. 다시 말해 센서와 AI의 긴밀한 통합이 스마트 제조의 근간이라 할 수 있다.

제조업이 생성하는 데이터양은 그 어떤 산업보다 방대하며, 이 빅데이터를 실시간으로 분석하고 활용하는 것이 기업 경쟁력의 핵심 요소가 되었다. 다행히 최근 몇 년간 센서 기술은 가격 하락과 소형화, 성능 향상을 거듭해 산업계에 폭넓게 보급되었다. 온도, 압력, 습도 같은 전통적 센서부터 머신 비전 카메라나 라이다(LiDAR) 같은 고급 센서까지, 값비싼 대형 설비에만 붙던 것이 이제는 작은 기계나 부품 하나하나까지도 센서를 달 수 있을 정도가 되었다. 센서 네트워크로부터 쏟아지는 데이터를 실시간으로 처리하기 위해, 클라우드 컴퓨팅뿐 아니라 에지 컴퓨팅의 도입도 중요해졌다. 에지 컴퓨팅이란 데이터를 모두 중앙 서버로 보내지 않고 현장 단말에서 바로 처리하는 방식으로, 지연을 최소화해 즉각적인 대응을 가능케 한다. 예를 들어 로봇에 장착된 AI 컴퓨터가 센서로부터 영상을 받아 현장에서 바로 분석해 결정을 내리면, 클라우드로 보내 처리할 때보다 훨씬 빠른 반응 속도를 얻을 수 있다. 이는 특히 안전이 중요한 상황이나, 아주 미세한 타이밍 조율이 필요한 공정에서 위력을 발휘한다. 센서와 AI의 통합은 공장의 투명성(visibility)을 높여 준다. 이전에는 기계 내부에서 무슨 일이 일어나는지 알기 어려워 육안 검사나 주기 점검에 의존했지만, 이제는 센서 데이터 덕분에 보이지 않는 부분까지 가시화된다. "기계의 건강 상태"가 수치와 그래프로 표시되고, 공장장이나 엔지니어는 대시 보드에서 전체 설비의 상태를 한눈에 파악할 수 있다. 그뿐만 아니라, 이 데이터들을 AI가 연관 분석함으로써 예컨대 "온도가 조금씩 상승하는 패턴과 진동의 미세한 증가가 함께 나타나면 곧 모터 베어링에 이상이 생길 징후" 같은 인과관계도 밝혀낸다. 이러한 통합적 관찰 능력은 문제 해결뿐 아니라 공정 혁신 아이디어를 얻는 데도 유용하다. 데이터를 통해 어떤 공정이 가장 병목인지, 어디에서 에너지 낭비가 큰지 등이 명확해지므로, 개선 활동을 정교하게 추진할 수 있다. 또 하나 주목할 점은 연합 학습과 데이터 협력의 흐름이다. 한 회사 내 여러 공장에서 수집된 센서 데이터를 AI가 함께 학습하거나, 산업 생태계 차원에서 기업 간에 비식별화된 데이터를 공유하면 더욱 똑똑한 AI 모델을 만들 수 있다. 실제로 제조업에서 데이터 단절 문제를 해결하고자 기업 간 데이터 협력 플랫폼을 구축하는 시도가 늘고 있다. 다양한 현장의 데이터를 모아 학습한 AI는 훨씬 범용적인 예측 능력을 갖추게 되어, 개별 기업이 단독으로 구축한 AI보다 뛰어난 효과를 낼 수 있다는 기대가 있다.

변화하는 현장의 경험과 미래 전망

피지컬 AI가 이끄는 스마트 제조 혁신은 현장의 문화와 경험까지 바꾸어 놓고 있다. 우선 현장 작업자의 역할 재정의가 이뤄지고 있다. 단순히 기계를 조작하던 사람이 이제는 데이터를 해석하고 의사 결정을 돕는 지능형 오퍼레이터로 변모하고 있다. 작업자들은 AI가 제시하는 정보를 참고해 공정을 미세 조정하거나, 여러 자동화 시스템이 원활히 돌아가도록 관리자적 관점에서 일하게 된다. 이는 육체노동 위주의 제조업 일자리가 지식 노동의 성격을 띠게 됨을 의미한다. 물론 여전히 현장에서는 직접 손으로 제품을 만드는 일이 중요하지만, 그 비중은 자동화 덕분에 줄어들고 있으며, 문제 해결, 창의적 개선, 협업 능력이 더 강조되고 있다. 기업들은 이에 발맞춰 작업자들에게 디지털 툴 사용법 교육, 데이터 분석 기초, 로봇과 함께 일하는 방법 등을 가르치고 있다. 장기적으로 이는 인간과 AI가 함께 성장하는 긍정적 효과를 낳을 것으로 기대된다.

사용자 경험 측면에서도 산업 현장은 더 나은 방향으로 변화 중이다. 과거 시끄럽고 위험했던 공장이 이제는 조용하고 안전한 환경으로 거듭나고 있다. 자동화 로봇들이 소음과 먼지를 유발하는 작업을 밀폐된 공간에서 처리하고, 위험 물질도 로봇이 다루면서 인간은 보다 깨끗하고 안전한 공간에서 일하게 된다. 센서와 모니터링 시스템은 실시간으로 위험 요소를 감지해 경보를 울리고, AI는 작업자의 피로도나 스트레스까지도 센서를 통해 파악해 작업 스케줄을 조정하거나 휴식을 권고하는 인간 중심 스마트 공장 콘셉트로 발전하고 있다. 요컨대, 피지컬 AI는 단순히 생산량을 높이는 것을 넘어 작업자들의 경험과 복지까지 개선하는 방향으로 활용되고 있다. 기술적인 배경을 돌아보면, 이러한 혁신은 여러 분야의 기술이 집합적으로 발전한 결과다. 인공지능 알고리즘의 고도화, 반도체 기술의 진보로 인한 고성능 연산 장비의 보급, 초고속 통신망의 확충으로 기기 간 밀리초 단위 통신이 가능해진 점, 클라우드와 에지 컴퓨팅 인프라로 확장성 있는 데이터 처리가 손쉬워진 것 등이 모두 한몫했다. 또한 정부와 업계의 표준화 노력도 기술 확산을 촉진하고 있다. 예를 들어 산업용 IoT 프로토콜 표준, 로봇의 인터페이스 표준, 데이터 교환 포맷 등이 정립되면서 이기종 기기들이 하나로 연결되기 쉬워졌다. 이러한 기술 생태계의 성숙이 없었다면 피지컬 AI의 꿈은 현실이 되지 못했을 것이다. 앞으로의 미래 전망은 더욱 흥미롭다. 엔비디아 같은 기술 선도 기업의 전문가는 "미래에는 모든 산업 시설에 AI가 물리적인 형태로 스며들 것"이라고 말하며, 피지컬 AI를 탑재한 로봇과 기계들이 창고에서 공장까지 우리와 함께 일하고 운송을 담당할 것이라고 전망한다. 이는 AI와 로봇공학의 결합이 폭발적인 변화를 일으키는 전환점에 와 있다는 의미다. 가까운 미래의 공장은 지금보다도 더 높은 자율성을 갖출 가능성이 크다. 완전 자율 생산 개념이 일부 선진 현장에서 실험되고 있으며, AI가 생산 계획 수립부터 공정 제어, 품질 관리, 물류 출하까지 전 과정을 알아서 운영하는 수준을 목표로 연구가 진행 중이다.

참고문헌

라면먹는날(2025.4.6). 디지털 제조의 진화, 스마트 팩토리의 핵심과 구현 전략, https://raymantt.tistory.com/entry/디지털-제조의-진화-스마트-팩토리의-핵심과-구현-전략

자동제어계측(2023.3.15). 디지털 트윈, 왜 스마트 제조 혁신의 새로운 화두인가?, https://procon.co.kr/bbs/board.php?bo_table=magazine_new&wr_id=2239&sca=기획특집&page=6

최정원(2018.9.25). 생산성을 높이는 증강현실 기술 '증강현실 기술의 제조업 적용 사례'. *Samsung SDS,* https://www.samsungsds.com/kr/insights/augmented-reality-technology.html

Goover(2025.5.20). AI로 부활하는 제조업: 혁신과 미래전망, https://seo.goover.ai/report/202505/go-public-report-ko-e95cd3a4-f156-46fd-9907-f5821fff4425-0-0.html

ESAB(2023.11.29). The top 5 applications for collaborative robots in manufacturing, https://esab.com/us/nam_en/esab-university/articles/collaborative-robots-in-manufacturing/

IFR(International Federation of Robotics)(2024.12.4). Collaborative robots — How robots work alongside humans, https://ifr.org/ifr-press-releases/news/how-robots-work-alongside-humans

Martindale, K.(2025.5.12). AI-enabled robotic autonomy: The next evolution in manufacturing automation. *IoT World Today,* https://www.iotworldtoday.com/robotics/ai-enabled-robotic-autonomy-the-next-evolution-in-manufacturing-automation

Tech Briefs(2025.5.15). Physical AI and simulation advances accelerate industrial automation, https://www.techbriefs.com/component/content/article/53117-physical-ai-and-simulation-advances-accelerate-industrial-automation

09
국방과 전쟁을 위한 피지컬 AI

피지컬 AI는 국방 분야에서 전쟁의 양상과 전략을 근본적으로 바꾸고 있다. 무인 항공기, 드론 군집, 자율 전투기, 무인 지상 차량, 자동 방어 시스템 등은 인간 병력을 보완하거나 대체하며 신속 · 정확 · 지속적인 작전을 가능케 한다. 이는 전투 효율을 높이고 인명 피해를 줄이며, 전략적 억제력을 강화한다. 또한 AI와 인간의 협업을 기반으로 한 새로운 지휘 구조와 전쟁 경험이 등장하며, 국방의 패러다임 전환을 촉진하고 있다.

AI와 기자?

피지컬 AI의 국방 분야 핵심 사례와 기술

국방 분야에서는 최근 '무인화'가 화두로 떠올랐다. 인간 군인을 대체하거나 보조하는 무인 체계의 도입이 본격화되고 있으며, 이러한 무인 시스템의 핵심에 피지컬 AI 기술이 자리한다. 현대전에 가장 혁신적인 피지컬 AI 활용 사례로는 단연 무인 항공기(UAV, Unmanned Aerial Vehicle)와 드론을 들 수 있다. 정찰용 드론에서부터 공격용 자폭 드론에 이르기까지, AI 기술이 접목된 무인기는 전장의 '게임 체인저'로 떠오르고 있다. 최근 벌어진 우크라이나 전쟁에서도 드론은 정보 수집, 감시 정찰, 정밀 타격에 이르기까지 핵심적인 역할을 수행하며 그 효과를 입증했다. 상업용 소형 드론에서부터 군사용 드론까지 대거 투입된 결과, 기술적 우위가 곧바로 전략적 우위로 직결될 수 있다는 점을 세계에 보여 준 사례였다.

드론 기술의 진화 방향으로 주목받는 것이 '스워밍(swarming)' 전술이다. 이는 다수의 드론이 AI를 통해 상호 통신하며 하나의 군집처럼 움직이는 개념으로, 전통적인 단일 무기와는 차원이 다른 기민한 작전이 가능하다. 각 드론이 실시간으로 정보를 주고받으며 협동함으로써 변화무쌍한 전장 상황에도 유연하게 대응할 수 있고, 목표를 포위하거나 교란하는 등 심리적 압박 효과도 크다. AI로 제어되는 드론 군집은 적의 방공망을 무력화하거나 분산 배치된 표적을 동시다발적으로 타격하는 등 새로운 전략적 선택지를 제공한다. 이러한 기술은 향후 군사 충돌 양상을 크게 바꿀 잠재력을 지닌 것으로 평가된다. 공중전 분야에서도 인간 조종사와 나란히 또는 조종사를 대신해 임무를 수행하는 AI 무인기가 속속 등장하고 있다. 미국 공군은 최근 AI가 조종하는 실험용 전투기를 성공적으로 시험 비행하며, 2028년까지 1,000대 이상의 유·무인 복합 전투기를 실전 배치할 계획을 밝혔다. AI 도입은 1990년대 스텔스 기술 이후 군용 항공 분야 최대의 혁신으로 거론될 만큼 미래 공중전의 양상을 뒤바꾸고 있다. 인간 조종사는 AI '동료'와 편대를 이뤄 비행하거나, 무인 윙맨(wingman) 드론을 거느리며 임무를 수행하는 개념이 현실화되는 중이다. AI 전투기는 초인적인 반사 신경과 방대한 데이터 기반 전략으로 공중전에서 인간 조종사가 수행하기 어려운 고난도 임무를 맡을 수 있으며, 유인기와 협업해 전투 효율을 극대화할 것으로 기대된다. 지상전과 해상전 영역에서도 피지컬 AI의 활용이 확산되고 있다. 예를 들어 대한민국이 개발한 SGR-A1 같은 고정형 무인 경계 로봇은 AI를 통해 목표를 자동으로 식별·추적하고 필요시 사격까지 수행할 수 있다. 이러한 자율 무기 시스템은 24시간 휴식 없이 경계를 설 수 있고, 위험한 접경 지역에서 인간 병력을 대신해 임무를 수행함으로써 인명 피해를 줄이는 데 기여한다. 이동형 지상 로봇도 발전을 거듭하고 있다. 미군은 보병 부대와 동행하며 정찰이나 탄약 운반을 돕는 무인 지상 차량(UGV, Unmanned Ground Vehicle)을 개발 중이고, 러시아 역시 시리아 내전에서 Uran-9 무인 전투 차량을 시험 운용하며 전투 로봇 활용 가능성을 타진했다. 아직 초기 단계인 지상 로봇들은 센서 성능이나 통신 제약으로 제한적인 역할에 머물지만, AI 기술의 진보와 함께 점차 복잡한 지형에서 자율적으로 이동·교전하는 능력을 갖춰가고 있다. 방어 분야에서도 AI의 힘이 발휘되고 있다. 이스라엘의 아이언돔(Iron Dome) 미사일 방어 시스템은 AI 알고리즘을 활용해 탐지된 로켓과 미사일의 궤적을 순간적으로 예측 계산함으로써 요격 확률을 극대화한다. AI는 사람이 따라갈 수 없는 속도로 방대한 센서 데이터를 분석해 위협 여부를 판단하고, 그에 맞는 대응책을 실시간으로 제시하거나 자동 실행한다. 이러한 능력은 방어를 보다 '능동적(proactive)'인 영역으로 탈바꿈시켜, 이전에는 막기 어렵던 포화 공격에도 대응할 수 있는 여지를 만들어 준다. 이처럼 피지컬

AI를 활용한 무인 항공기, 지상 로봇, 자동화 무기, 방어 시스템 등은 전쟁 수행 방식 전반을 혁신하고 있다. 각 기술은 서로 다른 영역에서 적용되지만, 공통으로 인간의 물리적 한계를 보완하거나 대체하며, 신속·정확·지속적인 작전을 가능케 한다. 국방 분야에서 축적된 이러한 기술 사례들은 앞으로 등장할 더욱 지능적인 무기 체계의 청사진을 보여 주는 동시에, 새로운 기회와 위험 요인을 함께 제시하고 있다.

피지컬 AI의 전략적 의미와 파급 효과

피지컬 AI 기술의 도입은 군사 전략과 안보 패러다임 전반에 큰 파급 효과를 미치고 있다. 첫째로, 다수의 무인 체계가 전장을 장악함으로써 얻게 되는 물량·비용상의 이점을 들 수 있다. 기존에 고가의 전투기나 군함 등 대형 플랫폼에 의존하던 방식을 벗어나, 소형이지만 영리하고 치명적인 무인기 군집과 정밀 유도 무기들로 적을 상대하는 전략이 부상하고 있다. 예컨대, 대형 항공모함 전단은 한 번에 수십억 달러가 소요되지만, 그에 비해 훨씬 저렴한 드론 군집과 미사일이 그 거대한 함대를 교란하거나 타격할 수 있다. 이는 경제적 지속 가능성 측면에서도 중요한데, 노후화된 장비를 유지하는 데 드는 비용

보다 혁신 기술에 투자하는 것이 효율적이라는 인식이 강해지는 것이다. 제한된 국방 예산하에서 소수의 고가 무기보다 다수의 저가 무기를 운용하는 편이 전력 손실에 대비한 탄력성 면에서도 유리하다는 계산이 작용한다.

둘째로, 인명 손실 감소와 전투 지속성 강화라는 전략적 이익이 있다. AI 무인은 위험한 임무를 사람 대신 수행해 아군 병력의 희생을 줄일 수 있다. 가령 미·중 간 가상 분쟁 시나리오를 보면, 유인 전투기는 적의 첨단 전자전과 방공망에 취약해 높은 손실 위험을 감수해야 한다. 반면 다수의 자율 무인기를 먼저 투입해 적 방어망을 제압하면, 파일럿의 생명을 위협하지 않으면서도 공세 목표를 달성할 수 있다. 이러한 무인 전력의 소모전 개념은 현실화되고 있으며, AI로 통제되는 드론 편대가 선봉에 서고 유인기는 후방에서 지원·지휘하는 형태로 전술이 바뀌어 가고 있다. 또한 속도와 효율 측면에서도 피지컬 AI는 새로운 전쟁 양상을 만들어 낸다. AI는 인간보다 훨씬 빠른 속도로 방대한 정보를 처리하고, 최적의 판단을 내려 무기 운용을 실행할 수 있다. 그 결과, 목표 식별부터 타격까지 걸리는 시간이 혁명적으로 단축되어, 적보다 한발 앞서 초고속 결정과 타격 사이클을 구현하게 된다. 인간의 지휘 체계가 따라오기 힘든 이러한 속도전에서는, AI가 생성한 권고와 자동화된 대응이 곧바로 전술 결과로 이어지는 이른바 '알고리즘 전쟁' 양상이 나타날 수 있다. 예를 들어 일부 전문가들은 완전 자율 무기들끼리 교전하는 '초인류 전쟁(hyperwar)'의 가능성까지 언급하며, 이 경우 승패는 누가 더 우수한 AI 알고리즘과 네트워크를 보유했는가에 달려 있다고 전망한다. 한편, 피지컬 AI가 가져올 심리전과 억제력 측면의 변화도 주목할 만하다. 가령 자율 드론 군집은 실제 교전에 투입되어 전황을 장악할 뿐 아니라, 그 존재만으로도 적에게 압도적인 심리적 위협을 가해 전투 의지를 꺾는 효과를 낼 수 있다. 철저히 조직화된 무인 전력의 위력은 상대방에게 선제공격을 망설이게 만드는 현대판 억제력으로 작용할 수 있다는 것이다. 나아가 각국이 AI 무기 경쟁에 돌입하면서, 군비 균형의 추가 변화하고 있다. AI 기술의 우위는 곧 군사력의 우위로 직결될 수 있기 때문에, 선도국들은 막대한 자원을 투입해 앞서 나가려고 하고 있다. 이는 새로운 기술 패권 경쟁이자 안보 딜레마를 야기해, 뒤처지지 않기 위한 군비 증강과 이에 따른 긴장 고조를 불러올 위험도 있다. 이처럼 피지컬 AI는 공격, 방어, 억지의 모든 측면에서 전통적인 전략 개념을 재편하고 있다. 이제 전쟁 승리는 단순히 병력이나 화력의 많고 적음이 아니라, 첨단 알고리즘과 시스템 통합 능력에 달려 가고 있다.

인간-기계 협력 전략의 변화

피지컬 AI의 도입은 전장에서 인간과 기계의 관계를 재정립하고 있다. 전쟁은 본래 인간만의 영역이었지만, 더 이상 그렇지 않다. 이제 인간 병사와 AI 시스템이 팀을 이뤄 함께 싸우는 시대가 도래했다. 인간과 AI가 각자의 강점을 결합해 공동의 인지와 의사 결정을 수행하는 이른바 인간-기계 팀전 개념이 현실이 되고 있다. 이러한 변화는 군사 조직 문화와 작전 개념에도 큰 변화를 요구한다.

우선 군인의 역할이 달라지고 있다. 과거에는 병사가 직접 표적을 탐지하고 조준·사격하는 행위자였다면, 이제는 여러 AI 무인 자산을 통제·감독하고 전략적 판단을 내리는 오퍼레이터로서의 모습이 강조된다. 예를 들어 한 명의 장교가 다수의 드론 군집을 모니터링하며 목표 할당과 임무 경로를 지시하거나, AI가 실시간으로 제공하는 정보 분석 결과를 바탕으로 교전 여부를 결정하는 식이다. AI와 협업하는 군인은 일종의 전투 관리자나 교향악 지휘자처럼, 다양한 자율 시스템들이 조화를 이루도록 조율하는 임무를 맡게 된다. 이 과정에서 핵심적인 과제는 신뢰 형성과 원활한 소통이다. 기계에게 어느 정도까지 판단과 행동을 맡길지에 대해서는 인간 운영자가 AI의 의사 결정을 이해하고 받아들일 수 있는 수준의 신뢰가 구축되어야 한다는 지적이다. 이를 위해서는 기계가 예측 불가능한 돌발 행동을 하지 않도록 안정성과 투명성을 갖춰야 하고, 사람이 직관적으로 AI의 상태와 의도를 파악할 수 있는 양방향 인터페이스가 뒷받침되어야 한다. 예컨대 자연어 명령이나 대화형 AI를 통해 인간이 쉽게 지시를 내리고 피드백을 받을 수 있다면, 전장의 혼돈 속에서도 인간-기계 간 이해의 차이를 줄일 수 있을 것이다. 의사 결정 구조 역시 변모하고 있다. AI는 방대한 감시 영상과 정보 자료를 분석해 지휘관에게 요약된 인사이트를 제공함으로써 이미 의사 결정 보조자 역할을 수행하고 있다. 현재 진행 중인 분쟁들에서도 AI가 분석한 정보를 기반으로 인간이 최종 결정을 내리는 사례가 늘고 있으며, 이제 중요한 것은 인간과 AI 중 누가 우위에 있느냐가 아니라 얼마나 효율적으로 협력하느냐라는 관점으로 이동하고 있다. AI가 수치와 패턴에 강하다면, 인간 지휘관은 직관과 창의적 사고로 이를 보완하며 협동 인지(cooperative cognition)를 이룰 때 최상의 성과가 나온다는 것이다. 물론 인간의 통제권은 여전히 중요한 원칙으로 남아 있다. 각국 군대는 자율 무기라 해도 최종 치명적 결정을 내리는 데는 인간의 개입이 필요하다는 입장을 견지하고 있다. 예컨대 미 공군장관은 "AI가 무기를 발사하는 결정에도 항상 인간의 감독이 존재할 것"이라고 강조한 바 있다. 이는 AI와 인간의 협력 균형을 유지함으로써, 예측 불허의 사태를 방지하고, 윤리적 책임 소재를 분명히 하기 위한 것이다. 결국 미래의 전투 환경에서는 사람과 AI가 파트너로서 상호 보완하며, 인간은 AI의 기계적 정확성을 활용하고, AI는 인간의 판단력과 창의성을 보강하는 방향으로 역할 분담이 이뤄질 전망이다. 이를 실현하려면 군 조직의 교육 훈련도 변화해 병사들이 AI 시스템을 다루고 신뢰하는 법, AI와 함께 의사결정 하는 법을 숙달하도록 해야 한다. 요약하면 피지컬 AI의 등장은 인간을 대체하는 것이 아니라 인간과 함께하는 전쟁으로의 전환을 의미한다. 인간-기계 협업이 제대로 이뤄진다면, 작은 병력으로도 이전보다 큰 효과를 내는 전력 증폭이 가능해진다. 반대로 협업에 실패한다면, 인간은 AI를 신뢰하지 못해 잠재력을 활용하지 못하거나 혹은 지나치게 의존해 위험을 키울 수 있다. 따라서 국방에서는 기술 개발 못지않게 인간과 AI의 조화를 이끌어 내는 지휘 철학과 제도가 중요해질 것이다.

전쟁 경험의 변화와 국방의 패러다임 전환

피지컬 AI가 군대에 스며들면서 전쟁을 경험하는 방식 자체도 변모하고 있다. 가장 직접적인 변화는 전투원의 체험에서 드러난다. 이제 병사들은 전장이 아닌 멀리 떨어진 기지에서 원격 조작으로 작전을 수행할 수 있다. 드론 조종사는 조용한 방 안에서 화면을 통해 수천 킬로미터 밖의 표적을 추적하고 타격한다. 이는 육체적 위험을 현저히 감소시키지만, 동시에 전쟁에 대한 심리적 거리감과 도덕적 책임감 사이에서 새로운 딜레마를 낳는다. 눈앞에서 격투를 벌이는 것이 아니라 모니터로 생사를 좌우하는 경험은 병사들에게 또 다른 형태의 스트레스와 부담을 준다. 실제로 원격 전투를 수행하는 요원들도 전통적인 전투병에 못지않은 정신적 어려움과 외상 후 스트레스(PTSD) 증상을 겪을 수 있다는 연구들이 보고되고 있다. 이처럼 전투의 인간적 체험이 변질되면, 전쟁에 대한 사회와 개인의 인식에도 미묘한 변화가 일어날 수밖에 없다.

지휘관과 전략가들의 경험도 달라지고 있다. 앞서 언급했듯이, 방대한 전장 정보가 AI를 통해 선별 · 분석되어 제공되면서 전투 상황에 대한 인식과 판단 양상이 변한다. 전장은 점점 데이터화되고, 전투 실황은 센서 데이터 피드와 알고리즘 결과물의 형태로 인간에게 제시된다. 이는 인간 지휘관에게 더 많은 통찰을 주지만, 동시에 정보의 홍수 속에서 인지 과부하나 AI 추천에 대한 과의존 문제가 발생할 여지도 있다. 결국 지휘 경험은 과거보다 덜 직관적이고 더 분석적인 성격을 띠게 된다. '육감에 의존한 결단'보다는, AI가 산출한 다양한 시나리오와 확률을 검토하며 최적 해법을 찾는 식으로 변화하는 것이다. 국방 환경 전반에서는 전쟁의 성격에 관한 철학적 논의도 진행 중이다. 19세기 클라우제비츠는 전쟁을 '인간의 충돌이 빚어내는 마찰과 열정, 그리고 불확실성의 영역'으로 묘사했으나, 피지컬 AI의 시대에 이러한 정의는 재고되고 있다. AI는 분노나 공포, 정치적 열망 같은 인간적 속성을 지니지 않기 때문에, AI가 개입한 전쟁은 보다 기계적이고 계산적인 양상을 띨 수 있다. 실제로 AI는 인간의 의지를 이해하거나 그것을 꺾는 전쟁의 목표를 인지하지 못하며, 학습된 임무 최적화에만 집중한다. 그 결과 전쟁은 점차 알고리즘의 경쟁이 되고, 인간 특유의 비합리적 요소나 창의적 일탈이 배제된 표준화된 양상으로 흘러갈 가능성이 제기된다. 일부 전문가들은 인간과 AI가 결합된 집단 지능이 기존과 완전히 다른 방식으로 전쟁을 수행함으로써, 전쟁의 본질 자체가 변화하는 패러다임적 단절이 일어날 것이라고 전망한다. 결국 피지컬 AI를 중심에 둔 미래 국방은 기존과는 완전히 다른 양상으로 전개될 것이며, 이에 맞춰 국방 패러다임의 재구성이 불가피하다. 지금 벌어지는 변화들은 과거의 군사 혁명에 비견될 만한 것으로, AI 기술 우위에 의해 안보 질서와 전력 판도가 결정되는 시대가 열리고 있다. 이 변화의 향방에 따라, 향후 군사력의 판도뿐 아니라 전쟁과 평화에 대한 인류의 관점까지 달라질 것이다.

참고문헌

방은주(2025.5.14). '국방도 무인화가 화두' … 마음AI, 국방용 피지컬AI 조명. *ZDNet Korea*, https://zdnet.co.kr/view/?no=20250514203201

Cheek, R.(2023.12.13). Autonomous swarm drones new face of warfare. *National Defense Magazine*, https://www.nationaldefensemagazine.org/articles/2023/12/13/industry-perspective-autonomous-swarm-drones-new-face-of--warfare

Layton, P.(2025.1.27). Human-machine teaming's shared cognition changes how war is made. *RUSI,* https://www.rusi.org/explore-our-research/publications/commentary/human-machine-teamings-shared-cognition-changes-how-war-made

Mobix Labs(2024.11.26). AI on the battlefield: How artificial intelligence is shaping modern warfare, https://www.mobixlabs.com/post/ai-on-the-battlefield-how-artificial-intelligence-is-shaping-new-military-defense-technologies

VOA News(2024.5.5). US Air Force leader takes AI-controlled fighter jet ride in test vs human pilot. *AP,* https://www.voanews.com/a/air-force-leader-takes-ai-controlled-fighter-jet-ride-in-test-vs-human-pilot-/7597733.html

10
피지컬 AI 시대를 준비하기

피지컬 AI의 등장은 인간의 일상, 노동, 교육, 정체성까지 근본적으로 뒤흔들고 있다. 인간처럼 움직이고 소통하는 로봇의 출현, 일자리의 대전환, AI와 협업하는 교육 역량, 사회적 · 윤리적 과제 등은 모두 이 거대한 변화가 단순한 기술 혁신을 넘어선다는 사실을 보여 준다. 이 시대를 준비하려면 기술 수용을 넘어 인간다움의 본질을 성찰하고, 공감 · 창의 · 윤리 등 인간 고유의 가치를 재정립해야 한다. 이제는 AI와의 경쟁이 아니라 조화 속에서 인류의 미래를 설계할 때다.

AI와 미래 의사?

피지컬 AI 시대의 전략

인공지능이 이제는 현실 세계 속으로 파고들고 있다. SF 영화에서나 보던 로봇이 눈앞에서 사람처럼 걸어 다니고, 인간과 함께 일하며 대화까지 나누는 시대가 도래했다. 테슬라의 옵티머스나 생크추어리 AI(Sanctuary AI)의 피닉스(Phoenix) 같은 휴머노이드 로봇들은 이미 인간과 유사한 방식으로 움직이고 작업을 수행하고 있어 "더 이상 SF가 아닌 현실"이라는 말까지 나오고 있다. 동시에, 가짜 영상과 음성 기술인 딥페이크가 미디어에서 진실과 허구의 경계를 흐릿하게 만들고 있어 우리가 '현실'이라고 여겨 온 개념을 다시 생각하게 만든다. 이처럼 피지컬 AI의 등장은 우리의 일상 경험 전반에 변화를 일으키며, 사회는 물론 개인에게도 깊은 물음을 던지고 있다. 과연 이러한 시대에 인류와 각 개인은 어떻게 대비해야 할까? 기술의 변화 그 자체뿐만 아니라 사회 · 윤리 · 교육 · 노동 · 정체성 등 여러 측면에서 다층적인 준비가 필요하다. 앞으로 다가올 피지컬 AI 시대를 맞이하기 위해 우리가 갖추어야 할 자세와 전략을 살펴보자.

무엇보다 크게 주목되는 변화는 노동과 일자리의 지형이다. 피지컬 AI 시대에는 많은 육체적 노동과 반복 작업이 자동화되면서 인간의 일에 대한 개념이 달라질 전망이다. 글로벌 투자은행 골드만 삭스는 2045년까지 전 세계 직업의 절반 가까이(50%)가 AI와 로봇에 의해 완전 자동화될 수 있다고 예측했다. 이는 전 세계적으로 약 3억 개의 일자리가 사라지거나 형태가 바뀔 수 있다는 뜻이며, 전 지구 노동력의 4분의 1이 직접적인 영향을 받을 수 있는 규모다. 물론 AI의 부상으로 새로운 일자리도 창출될 것이다. 세계경제포럼(WEF)의 미래 일자리 보고서는 2030년까지 AI와 정보 기술의 발전으로 약 1억7천만 개의 새로운 직무가 생겨나는 동시에 9200만 개의 기존 일자리가 사라질 것으로 전망했다. 총량적으로 보면 일자리가 늘어날 수 있다는 낙관도 있지만, 문제는 어떤 일자리가 없어지고 어떤 일자리가 생기느냐다. 단순하고 규칙적인 업무, 예컨대 관리 행정, 고객 서비스, 판매, 음식 조리, 제조 생산직 등은 AI 자동화로 큰 변혁을 겪을 가능성이 높다. 실제로 산업 현장에서 이미 자동 주문 키오스크가 사람을 대신하고, 물류 창고에서 자율 로봇이 상품을 나르고 있으며, 패스트푸드점 주방에서는 로봇 조리기가 간단한 조리 작업을 해내고 있다. 반면 인간은 그러한 자동화 시스템을 감독하고 창의적 판단을 내리는 역할로 재배치될 가능성이 크다. 다시 말해, 기계가 잘하는 일은 기계에 맡기고, 인간은 기계가 못하는 일에 집중하는 방향으로 직업의 내용이 바뀔 것이라는 뜻이다. 여기서 중요한 것은 인간과 AI의 협업 관계다. 완전히 AI가 대체하는 것이 능사가 아니라, 인간-기계 협업을 통해 각각의 강점을 살리는 것이 바람직한 미래상으로 제시된다. 이미 많은 현장에서 협동 로봇이 인간 노동자와 나란히 작업해 생산성과 안전을 높이고 있다. 예컨대 인간은 섬세한 판단과 창의력을 발휘하고, 로봇은 무거운 물건을 들거나 반복적 동작을 쉼 없이 수행함으로써 서로 보완하는 식이다. 이는 마치 사람이 자동차라는 도구를 활용해 더 빠르게 이동하지만 목적지와 운전 방식은 사람이 결정하듯, AI를 도구이자 동료로 받아들이는 준비가 필요함을 시사한다.

교육과 역량 개발

그렇다면 이런 변화에 대비해 교육과 역량 개발 측면에서는 무엇을 해야 할까? 우선, 교육 시스템은 AI 시대에 맞는 인재 육성으로 전환되어야 한다. 과거 산업 사회에서 읽기, 쓰기, 셈하기가 기본 소양이었듯, AI 시대에는 디지털 및 AI 소양이 필수가 될 전망이다. 모든 이가 AI 프로그래머가 될 필요는 없지만, 적어도 AI가 어떻게 동작하고 어디에 활용될 수 있는지에 대한 기본 이해와 리

터러시가 요구된다. 특히 앞으로는 AI와 소통하는 능력이 새로운 핵심 역량으로 부상할 것이다. 미래 세대는 전통적인 프로그래밍 언어를 배우기보다는 AI에게 적절한 지시를 내리는 프롬프트 작성 방법을 익혀야 할 것이다. 이미 AI가 사람의 자연어 명령을 이해해 코드를 작성하거나 답변을 생성해 주는 시대가 되었기 때문에 원하는 목표를 논리적이고 윤리적인 방법으로 AI에게 전달하는 기술이 더 중요해지고 있다. 즉, 이전에는 사람이 기계의 언어를 배웠다면, 이제는 기계가 사람의 언어를 알아듣게 된 만큼 사람이 자신의 의도를 정확히 표현하고 AI의 출력을 비판적으로 검토하는 능력이 더욱 필요하다.

교육 과정에서도 AI와 협력해 문제를 해결하는 프로젝트나, AI의 한계를 이해하고 비판적 사고를 기르는 훈련이 강화되어야 한다. 또한 인공지능 시대에는 지식 암기나 단순 문제 풀이보다 창의성, 공감 능력, 윤리 의식, 협업 능력 등 인간 고유의 장점을 길러 주는 교육이 더욱 중요해진다. AI가 기계적인 부분을 도와줄수록, 인간은 더 인간다운 능력을 발휘해야 가치가 빛날 것이기 때문이다. 동시에 재교육과 평생 학습의 문화도 확산되어야 한다. 기술 변화의 속도가 빨라서 한 번 배운 기술이 평생 가지 않는 시대인 만큼, 성인들이 주기적으로 새로운 기술을 배우고 직무를 전환할 수 있는 사회적 지원이 필수적이다. 각 기업과 정부는 이러한 프로그램에 투자를 늘리고, AI 활용 도구를 모든 노동자가 활용하도록 장려해야 한다. 실제로 최근 조사에 따르면 많은 직장인들이 챗GPT 같은 AI 도구를 아직 검색 정도로만 활용하고 있을 뿐 업무 혁신에 충분히 활용하지 못하고 있는데, 이는 새로운 기술의 잠재력을 놓치는 것이라는 지적이 있다. 이러한 활용 격차를 줄이기 위해 조직 문화와 리더십 차원에서 AI 적응을 독려하고 모범 사례를 공유할 필요가 있다.

인프라와 정책

피지컬 AI 시대를 준비하는 데에는 기술 인프라와 정책적 대비도 중요하다. 사회 전체적으로는 AI와 로봇을 안전하고 공정하게 수용할 수 있는 환경을 갖추어야 한다. 우선 인프라 측면에서, 자율주행차가 달릴 수 있는 도로 환경, 스마트 시티 센서망, 5G/6G 초고속 통신망, 데이터 센터 등 필수 기반 시설에 대한 투자가 이뤄져야 한다. 또한 표준화와 상호 운용성을 확보해 다양한 AI 기기들이 서로 호환되고 원활히 소통할 수 있도록 해야 한다. 이 과정에서 비용 문제도 간과할 수 없다. 현재의 최첨단 로봇이나 AI 장비는 여전히 고가이므로, 대중화의 걸림돌이 되고 있다. 실제로 한 보고서에서는 피지컬 AI가 널리 보급되기 위해 극복해야 할 과제로 높은 제조 비용, 안전성 확보, 전력 효율, 인프라 구축을 꼽았다. 기술 고도화 경쟁 속에 휴머노이드 로봇의 관절, 센서 등의 핵심 부품 제조 단가가 상승하면서 판매 가격이 높아지고, 이는 시장 진입 장벽으로 작용할 수 있다는 지적이다. 따라서 정부와 업계는 연구 개발(R&D) 투자를 통해 로봇 생산 비용을 낮추고, 에너지 효율 개선으로 운영 비용을 절감하며, 안전 기준을 확립해 소비자들이 안심하고 받아들일 수 있도록 해야 한다. 예컨대 한국에서도 피지컬 AI 시대를 선점하기 위해 온-디바이스 AI 반도체 개발이나 차세대 로봇 기술에 대규모 투자가 이뤄지고, 전문 인력 육성에 힘쓰고 있다. 이러한 노력은 기술 강국뿐 아니라 모든 나라와 지역 사회에 요구된다. 그렇지 않으면 AI 기술 역량의 차이가 국가 간, 계층 간 격차로 이어져 새로운 형태의 디지털 디바이드를 초래할 수 있다. 피지컬 AI의 혜택이 특정 엘리트나 선진국에만 쏠리지 않고 전 인류에게 골고루 돌아가도록 포용적 혁신을 지향하는 것이 중요하다. 경제협력개발기구(OECD) 「AI 원칙(AI Principles)」에서도 "AI 기술의 혜택은 가능한 한 많은 사람들에게 돌아가야 하며, AI로 창출된 경제적 번영은 인류 모두에게 폭넓게 공유되어야 한다"는 점이 강조되고 있다. 이를 실현하려면 국제 협력과 지식 공유, 개도국 지원 등의 노력이 병행되어야 할 것이다.

사회 윤리와 법

피지컬 AI 시대의 도래는 동시에 사회 윤리와 법 규범의 재정립을 요구한다. 인공지능과 로봇이 인간 생활 속에 깊숙이 들어올수록, 우리는 "어디까지가 기계이고, 어디부터가 인간인가"라는 철학적 질문과 마주하게 된다. 자율주행차가 사고를 냈을 때 책임은 누구에게 있는가? AI 의료 진단이 내린 결정에 대해 최종 책임은 의사에게 있을까, 알고리즘에 있을까? 감정 교류가 가능한 감성 로봇에게 인간에 준하는 권리나 예의를 부여해야 할까? 이러한 새로운 문제들에 답하기 위해, 각국 입법자들과 윤리학자들은 발 빠르게 논의에 나서고 있다. AI 윤리 원칙과 법적 규제는 더 이상 막연한 담론이 아니라 실질적인 사회적 계약으로 발전해야 한다. 이미 여러 국제기구와 연구 기관에서 AI와 로봇에 대한 가이드라인을 제시하고 있다. 예를 들어 영국 공학연구위원회(EPSRC)의 「로봇공학 원칙(Laws of robotics)」에서는 "로봇은 멀티 유즈 도구이며, 사람을 해치도록 설계돼선 안 된다", "로봇은 제품이므로 안전과 보안이 보장되도록 설계되어야 한다", "로봇의 기계적 정체성은 투명하게 드러나야 하며, 취약한 사용자를 기만해서는 안 된다", "로봇의 행위에 대한 법적 책임 소재는 명확히 인간에게 귀속되어야 한다" 등의 지침을 강조한다. 다시 말해, 인간이 통제하고 책임지는 원칙하에 로봇과 AI를 개발 · 운용해야 한다는 것이다. 2017년 미국 아실로마 회의에서 채택된 23개의 「아실로마 AI 원칙(Asilomar AI Principles)」도 "고도 자율 AI 시스템은 인간의 존엄과 권리, 자유 등의 이상과 양립 가능하게 설계 · 운영되어야 한다", "AI 기술이 초래한 이익은 최대한 많은 사람이 누려야 하고, 경제적 번영은 모두에게 공유되어야 한다"라고 천명했다. 또한 AI 시스템은 운용 수명 전반에 걸쳐 안전하고 견고해야 하며, 오작동이나 실패 시 그 원인을 투명하게 밝힐 수 있어야 한다는 점도 중요한 원칙으로 제시된다. 이러한 윤리 원칙들은 아직 강제성 있는 법은 아니지만, 앞으로 각국의 입법과 표준 수립에 큰 영향을 미치고 있다. 유럽연합은 이미 「AI 법(AI Act)」을 추진해 고위험 AI의 사용 요건과 금지 사항 등을 규정하고 있고, 다른 나라들도 「자율주행차량법」, 「개인정보보호법」 개선 등을 통해 AI 시대에 맞는 법적 안전장치를 마련하고자 노력 중이다. 무엇보다 AI 거버넌스에 투명성과 책임성이 담보될 때 대중의 신뢰를 얻을 수 있다. 전문가들은 "윤리적 거버넌스가 로봇과 AI에 대한 대중 신뢰를 구축하는 데 필수적"이라고 지적하며, 이를 위한 5대 핵심 요소로 투명성, 책임 규명, 공정성, 포용성, 인간 통제를 꼽기도 한다. 요컨대, 우리가 AI에게 많은 것을 맡길수록 그 운용 원리가 공개되고, 인간의 감시와 책임이 확실히 존재해야 한다는 뜻이다. 기업들도 AI 기술 개발 단계부터 AI 윤리위원회나 자문 기구를 두어 편향이나 차별을 예방하고, 사회적 가치에 부합하는 방향으로 제품과 서비스를 설계해야 한다.

사회적 관계와 정체성

한편, 피지컬 AI 시대는 인간의 사회적 관계와 정체성에도 미묘하면서도 심대한 변화를 가져올 것이다. 먼저 일의 정체성부터 살펴보면, 많은 사람들의 자아감(self-identity)은 자신의 직업이나 사회적 역할과 밀접하게 연관되어 있다. 그런데 AI와 자동화가 진전됨에 따라 누구나 당연하게 여겼던 직업의 의미가 흔들릴 수 있다. 앞서 언급했듯 AI로 대체되거나 역할이 축소되는 분야의 종사자들은 자신의 존재 가치에 대한 의문을 느낄 수 있다. 실제로 사람들은 기계가 모든 것을 알아서 해 버릴 때 "내가 한 일이 아니라 기계가 다 했다"는 허탈감을 느낄 수도 있다. 20세기 중반 즉석 케이크 믹스 제품이 처음 나왔을 때, 물만 넣고 끝나는 너무 쉬운 조리법에 주부들이 "내가 한 것이 아니다"라고 여겨 심리적 거부감을 느꼈다는 일화는 시사하는 바가 크다. 인간은 자신이 무언가를 성취했다는 느낌을 중요하게 여기기에, 너무 완전한 자동화는 오히려 만족감을 떨어뜨릴 수도 있다. AI 시대의 직업과 업무 설계에서도 이러한 인간의 심리를 고려해 인간이 기여하고 주도하는 부분을 남겨 두는 것이 필요하다. 기업은 직원들이 AI와 함께 일하면서도 의미와 보람을 느낄 수 있도록 업무 프로세스를 재구성해야 한다. 한편으로 개인들은 변화에 맞추어 유연한 정체성을 확립할 필요가 있다. 평생직장이나 하나의 전문성만으로 살아가던 시대는 저물고, 생애 여러 번 직업을 바꾸거나 동시에 여러 분야의 역할을 수행하는 시대가 오고 있다. AI 시대에 빛나는 전문성은 AI가 할 수 없는 창조적 융합 능력이나 새로운 문제를 정의하는 능력일 것이다. 따라서 자신의 정체성을 하나의 직업으로 한정 짓기

보다는, 끊임없이 학습하고 진화하는 존재로 여기는 태도가 바람직하다. AI가 우리의 일을 돕거나 때로는 대신하게 되더라도, 인간 고유의 역할은 무엇인지 성찰하면서 스스로를 재발견하는 기회로 삼아야 한다. 개인적 삶과 정체성 측면에서도 다양한 도전이 예상된다. 오늘날 우리는 스마트폰, 소셜 미디어, 각종 온라인 프로필을 통해 디지털 정체성을 형성하고 있다. AI는 이러한 방대한 개인 데이터를 분석해 우리도 모르는 취향과 습관을 파악하고 맞춤형 콘텐츠를 추천해 준다. 때로는 알고리즘이 보여 주는 나의 모습과 내가 생각하는 실제 내 모습 사이에 괴리가 생겨 혼란을 겪기도 한다. 가령, 유튜브나 SNS 알고리즘이 지속적으로 특정 주제의 콘텐츠만 보여 주면, 어느새 나 자신도 모르게 편향된 정체성에 갇히게 될 위험이 있다. AI 시대의 개인은 이러한 알고리즘 영향력을 인지하고, 주체적으로 다양한 정보와 관점을 접하려는 노력이 필요하다. 그렇지 않으면 AI가 만든 익숙한 울타리 안에 머무르며 사회적 분열과 개인의 시야 축소가 심화될 수 있다.

또 한 가지, AI 기술이 발달하면서 인간은 새로운 관계 맺기를 경험하고 있다. 음성 비서인 시리(Siri)나 알렉사(Alexa)에게 이름을 붙이고 대화를 나누거나, 반려 로봇에게 애정을 느끼는 사람들이 늘고 있다. 인간처럼 감정을 표현하는 AI 친구가 생기고, VR 공간에서 AI 아바타와 교류하는 일이 흔해질지도 모른다. 이럴 때 우리는 "기계와의 관계도 진짜 인간관계인가"라는 질문과 마주한다. 어떤 이에게 AI가 위로와 도움을 주는 동반자가 될 수는 있지만, 동시에 그것이 인간관계의 빈자리를 대체해 사회적 고립을 부추기지는 않을지 우려도 제기된다. AI와 깊이 상호작용할수록 자신의 정체성에도 변화가 생길 수 있다. 심지어 미래에는 뇌-기계 인터페이스 등을 통해 인간의 인지 능력을 AI로 증강하는 트랜스휴머니즘적 상황까지 논의되고 있다. 그 경계에서는 인간과 기계의 구분, 정신과 물질의 경계마저 흐릿해지며, 인간의 자아 개념이 근본적으로 재편될 가능성도 거론된다. 이러한 철학적 문제들을 당장 모두 해결할 수는 없겠지만, 중요한 것은 끊임없는 사회적 대화와 성찰이다. 기술이 우리의 정체성에 어떤 영향을 미치는지, 무엇이 인간답다는 의미인지를 개방적으로 토론하고, 공동의 윤리 기준을 세워 가는 과정이 필요하다. 기술에 휘둘리지 않고 기술을 인간의 가치관 속에 위치시키는 노력이야말로, AI 시대를 인간답게 살아가는 열쇠일 것이다.

지금까지 살펴본 것처럼, 피지컬 AI 시대의 도래는 기술적 혁신인 동시에 총체적인 경험의 변혁이다. 이는 단순히 우리 생활에 편리한 기계가 몇 가지 늘어나는 변화가 아니라, 인류가 세계를 인식하고 상호작용하는 방식의 근본적 전환이라고 할 수 있다. 이러한 전환기에 인류 공동체와 개인 모두의 지혜와 준비가 요구된다. 사회 차원에서는 기술 혜택을 모두가 누릴 수 있도록 포용성을 갖춘 정책을 수립하고, 윤리적 가이드라인과 법체계를 정비해 AI에 인간의 가치를 녹여내는 일이 시급하다. 교육 시스템과 노동 현장은 미래 세대를 위한 역량 강화의 장으로 재편되어야 하며, 모든 개인이 평생에 걸쳐 학습하고 자기 갱신을 할 수 있는 지원망을 갖추어야 한다. 개인 차원에서는 다가올 변화를 두려움이 아니라 호기심과 열린 마음으로 마주하는 태도가 중요하다. 새로운 기술을 받아들이되 비판적으로 활용하고, AI와 경쟁하기보다는 AI를 지렛대 삼아 자신의 능력을 확장하는 전략이 필요하다. 인간만이 할 수 있는 공감, 창의적 사고, 도덕적 판단의 영역을 계발해 AI와 보완적 관계를 구축해야 한다. 요컨대, 피지컬 AI 시대에 인간에게 남는 것은 "결국 인간다움은 무엇인가"라는 본질적인 질문이다. 이 질문에 대한 답을 찾아가는 과정 자체가 우리가 미래를 준비하는 여정이 될 것이다. 피지컬 AI가 몰고 올 거대한 변화의 물결 앞에서, 인류는 지혜와 협력으로 방향키를 잡아야 한다. 그럴 때 비로소 AI는 인간 경험의 확장자이자 진정한 의미의 도구로 자리매김하며, 우리는 기술과 조화를 이뤄 더욱 풍부한 경험 세계를 만들어 갈 수 있을 것이다. 준비된 인류와 개인에게 피지컬 AI 시대는 위기가 아닌 새로운 도약의 발판이 될 것이다. 우리가 그 미래를 어떻게 설계하고 맞이하느냐에 인류의 운명이 달려 있다. 지금이야말로 그 준비에 박차를 가할 때다.

참고문헌

김현정(2025.2.23). Physical AI 시대 성큼… 韓 반도체 R&D 투자·인재 육성해야. 메트로신문, https://www.metroseoul.co.kr/article/20250223500226

이인수(2025.5.21). 대동 원유현 대표 '피지컬 AI 시대 준비… 온디바이스 AI 반도체 개발 참여'. 아주경제, https://www.ajunews.com/view/20250521134920852

ZDNet korea(2025.5.23). "[AI는 지금] 젠슨 황 "행동하는 AI 시대"… 피지컬 AI 다져온 국내 기업, '재주목'". https://zdnet.co.kr/view/?no=20250523152450

AI on Demand. A simple guide to physical AI, https://www.ai4europe.eu/research/simple-guide-physical-ai

Biswas, S.(2025.5.31). Physical AI is Here. Can we still define what's 'real'?. *Medium*, https://medium.com/lets-code-future/physical-ai-is-here-can-we-still-define-whats-real-51b6f3a1a1bc

Mittal, A.(2025.5.22). Will your job exist in 2035? The transformative impact of generative AI on tomorrow's workforce. *LinkedIn*, https://www.linkedin.com/pulse/your-job-exist-2035-transformative-impact-generative-ai-mittal-nbuyc/

Stevens, C.(2023.11.6). The effect of AI on identity. *EU Reporter*, https://www.eureporter.co/internet-2/artificial-intelligence/2023/11/06/the-effect-of-ai-on-identity/

Winfield, A. F. T. & Jirotka, M.(2018.10.15). Ethical governance is essential to building trust in robotics and artificial intelligence systems. *Philosophical Transactions of the Royal Society A: Mathematical, Physical and Engineering Sciences*, 376. https://royalsocietypublishing.org/doi/10.1098/rsta.2018.0085

Winfield, A.(2019.5.12). An updated round up of ethical principles of robotics and AI. *Robohub*, https://robohub.org/an-updated-round-up-of-ethical-principles-of-robotics-and-ai/

유훈식

서울미디어대학원대학교 AI스타트업학과 부교수다. 인공지능디자인협회 회장이자 대한사용자경험전문가협회(UXPA Korea) 이사로 활동하고 있으며, 범정부 UI/UX 혁신 자문위원을 역임했다. AI와 UX/UI 디자인을 융합한 창의적 스타트업 교육과 연구에 주력하고 있으며, 서울미디어대학원대학교에서는 AI비즈니스디자인랩을 운영 중이다. 지난 17년간 삼성전자, 삼성디스플레이, 현대·기아자동차, SKT 등 주요 기업들과 AI 및 UX/UI 관련 산학 프로젝트를 다수 수행했다. 주요 저서로 《웹3.0 교과서》(2022)가 있으며, "Cross-cultural comparison of preferences for the external appearance of artificial intelligence agents"(2021)를 비롯해 AI 및 UX 분야에서 KCI, SCIE, SSCI, SCOPUS 등재 학술지에 50편 이상의 논문을 게재했다.